Rafael Ball

# Die pausenlose Gesellschaft

Wissen & Leben

herausgegeben von Wulf Bertram

Zum Herausgeber von „Wissen & Leben“:

Wulf Bertram, Dipl.-Psych. Dr. med., geb. in Soest/Westfalen. Studium der Psychologie und Soziologie in Hamburg. War nach einer Vorlesung über Neurophysiologie von der Hirnforschung so fasziniert, dass er spontan zusätzlich ein Medizinstudium begann. Zunächst Klinischer Psychologe im Univ.-Krankenhaus Hamburg-Eppendorf, nach dem Staatsexamen und der Promotion in Medizin psychiatrischer Assistenzarzt in der Provinz Arezzo/Italien und in Kaufbeuren. 1985 Lektor für medizinische Lehrbücher in einem Münchener Fachverlag, ab 1988 wissenschaftlicher Leiter des Schattauer Verlags, seit 1992 dessen verlegerischer Geschäftsführer. Ist überzeugt, dass Lernen ein Minimum an Spaß machen muss, wenn es effektiv sein soll. Aus dieser Einsicht gründete er 2009 auch die Taschenbuchreihe „Wissen & Leben“, in der wissenschaftlich renommierte Autoren anspruchsvolle Themen auf unterhaltsame Weise präsentieren. Bertram hat eine Ausbildung in Gesprächs- und Verhaltenstherapie sowie in Tiefenpsychologischer Psychotherapie und ist neben seiner Verlagstätigkeit als Psychotherapeut und Coach in eigener Praxis tätig.

Rafael Ball

# Die pausenlose Gesellschaft

## Fluch und Segen der digitalen Permanenz

Schattauer BALANCE

**Dr. Rafael Ball**
Direktor der Universitätsbibliothek Regensburg
Dachgred 20 A
93152 Nittendorf

Bibliografische Information der Deutschen Nationalbibliothek
Die Deutsche Nationalbibliothek verzeichnet diese Publikation in der Deutschen Nationalbibliografie; detaillierte bibliografische Daten sind im Internet über http://dnb.d-nb.de abrufbar.


E-Mail: info@schattauer.de
Internet: www.schattauer.de
Printed in Germany

Lektorat: Volker Drüke, Münster
Projektleitung: Nadja Urbani
Umschlagabbildung: © vichie81/Bangkok Highway – Fotolia.com
Satz: am-productions GmbH, Wiesloch
Druck und Einband: CPI – Ebner & Spiegel, Ulm

Auch als eBook erhältlich:
978-3-7945-6888-8

ISBN 978-3-86739-106-1 (BALANCE buch + medien verlag)
ISBN 978-3-7945-3080-9 (Schattauer)

# Vorwort

Dieses Buch bejammert nicht die pausenlose Gesellschaft. Es hebt nicht den Zeigefinger und verweist nicht auf die gute alte Zeit, in der der Mensch angeblich so viele Pausen eingehalten hat, sich Zeit nahm und Zeit hatte und tief und qualifiziert nachdachte und schließlich überdachte und begründete Entscheidungen traf. Das Buch ist kein Angriff auf die gehetzte Gesellschaft, auf die permanente Verfügbarkeit in Beruf und Freizeit und auf den Psychostress, der daraus abgeleitet oder erfunden wird. Es gibt genug kritische Mahner, die der angeblich so guten alten, stressfreien Zeit das Wort reden.

In diesem Buch geht es vielmehr darum, zu ergründen und mit gut lesbaren Beispielen zu belegen, dass es das immanente Wesen des Digitalen ist, durch seine Dauerverfügbarkeit eine pausenlose Gesellschaft erst möglich zu machen.

Dabei geht es nicht darum, diesen oder jenen zu kritisieren, sondern wertfrei zu analysieren, was es bedeutet und welche Änderungen im Denken und Handeln es mit sich bringt, im Zeitalter der digitalen Information und Kommunikation zu leben und zu agieren.

Dass die digitale Permanenz Vor- und Nachteile mit sich bringt, dürfte unbestreitbar sein. Davon alleine soll das Buch nicht handeln.

Es soll vielmehr herauszufinden helfen, wie sich unser Denken und Handeln vor dem Hintergrund der digitalen Permanenz heute entwickelt und verhält. Dabei wird überraschend klar, dass die permanent verfügbare digitale Welt der Computer, Tablets und Smartphones für die gefühlte

Zeitverknappung nicht verantwortlich ist, sondern sogar einen Ausweg daraus eröffnet.

Wenn der Leser dabei eine kritisch-konstruktive Position einnimmt und für sich selbst eine klare Position beziehen kann, hat es seinen Zweck erfüllt.

Regensburg, Mai 2014 Rafael Ball

# Inhalt

# 1 Einleitung

*Menschen, die wie wir an die Physik glauben,*
*wissen, dass die Unterscheidung zwischen*
*Vergangenheit, Gegenwart und Zukunft*
*nur eine besonders hartnäckige Illusion ist.*
Albert Einstein (1)

Die digitale Revolution bringt eine ganze Reihe von Veränderungen in unsere Lebenswelt. Zunächst betraf dies nur die Bereiche Information und Kommunikation, und auch dort sind die Auswirkungen heute noch am stärksten. Wer erinnert sich nicht an den ersten Computer, der die Schreibmaschine ablöste und den dauerhaft gespeicherten und unbegrenzt reproduzierbaren Text ermöglichte?

Bereits bei dieser vergleichsweise einfachen Technik hat sich der Einfluss des Digitalen bemerkbar gemacht. Die Möglichkeit der beliebigen Speicherung und Abrufbarkeit hat unser Denken und Handeln massiv und nachhaltig beeinflusst.

Während bei der Produktion von Texten in konventioneller, analoger Form jeder Buchstabe auf der Schreibmaschine bedacht sein musste, jeder Fehler das Dokument unwiderruflich zerstörte, boten digitale Speicher, auch wenn sie zunächst nur umständlich als Diskette daherkamen, einen jederzeit abruf- und reproduzierbaren und einen beliebig oft zu variierenden Text. Dies hat schnell zu einer Veränderung der Art und Weise geführt, wie wir Texte entwarfen, verfassten, strukturierten und schließlich auch produzierten.

Zu Recht sieht niemand darin ein Problem, dass ein einmal gemachter Tippfehler nicht das ganze Dokument zerstört, sondern durch einen einfachen Tastendruck zu korrigieren ist. Auch die Möglichkeit, Dokumente zwischenzuspeichern oder nach einer bestimmten Zeit wiederaufzurufen und weiterzubearbeiten, wird jeder unzweifelhaft als Vorteil ansehen.

Die Zehn-Finger-Schreibmaschinen-Methode, die viele Generationen von Berufsschülern noch lernen mussten, ist so ganz aus der Mode gekommen.

Im analogen Zeitalter war es nämlich noch üblich, Texte so zu entwerfen, dass sie über- und zu Ende gedacht waren, bevor man sie abschloss, bevor man sie „scharf stellte" und womöglich verschickte oder in anderer Form zur Verfügung stellte oder auch einfach ablegte und archivierte.

Nachträgliche Veränderungen waren kompliziert, umständlich und unter Umständen überhaupt nicht mehr möglich.

Dies alles hat sich grundlegend geändert mit der Durchdringung von Computertechnologie und Digitalisierung weiter Bereiche unserer Lebenswelt. So wirklich massiv ist diese Entwicklung erst im 21. Jahrhundert zu Tage getreten.

Ich möchte unsere Zeit das Zeitalter der digitalen Information und Kommunikation (ZdIK) nennen. Basis und Voraussetzung für das ZdIK war die sogenannte „Digitale Revolution", die gekennzeichnet war durch Computernutzung und Digitalisierung. Das „Digitale Zeitalter" beginnt mit dem Jahr 2002, als es erstmals möglich war, mehr digitale als analoge Inhalte zu speichern. Heute sind mehr als 95 % aller Inhalte digital verfügbar, sodass man zu Recht vom digitalen Zeitalter sprechen kann (2).

Das Zeitalter der digitalen Information und Kommunikation (ZdIK) ist jedoch jünger als zehn Jahre und nicht identisch mit der Periode des Digitalen Zeitalters. Diese gerade erst begonnene Epoche ist gekennzeichnet durch die beiden Parameter des unbegrenzten und permanenten „Update". Nur durch die Existenz digitaler Informationen und einer entsprechenden Kommunikation wird eine Permanenz in allen persönlich-gesellschaftlich-technischen Ebenen geschaffen, die es so zuvor noch nie gegeben hat und die so in der vordigitalen Zeit nicht denkbar war.

Zurück zu unserem Beispiel: Was im elektronischen Text vergessen wurde, wird am nächsten Tag eingebaut, ein weiterer Teil eingefügt. Und selbst wenn das Dokument per E-Mail bereits abgeschickt worden ist, kann problem- und kostenlos eine Ergänzung „nachgemailt" werden.

Dieses simple Beispiel zeigt aber bereits, dass digitale Prozesse offensichtlich einen großen Einfluss auf unser Denken und Handeln haben. In vielen weiteren Lebensbereichen wird dies – wie wir noch sehen werden – zunehmend konstitutiv.

Das Zeitalter der klaren distinkten Schritte ist im ZdIK einem kontinuierlichen Prozess gewichen. Überhaupt ist das Kontinuum das typische Merkmal der digitalen Welt. Schon 500 Jahre vor unserer Zeitrechnung hat Heraklit den natürlichen Prozess des beständigen Werdens und Wandels als ein Konstituens unserer Welt beschrieben, das in der einfachen Formel „Alles fließt" oder griechisch „Panta Rhei" (πάντα ῥεῖ) überliefert ist. „Alles fließt" ist auch das Kennzeichen der digitalen Welt und der mit ihr verbundenen dramatischen Veränderungen von Alltäglichkeiten, die von den allermeisten ganz und gar nicht als solche bewusst wahrgenommen werden.

Haben wir in unserem Bewusstsein das digitale Denken also bereits so weit internalisiert, dass uns dessen Veränderung nicht mehr auffällt?

Verändert die digitale Lebenswelt überhaupt unser Denken? Ist denn der Einfluss von gut zehn Jahren digitalem

Zeitalter so groß, dass bereits „digitale" Denkstrukturen entstanden sind?

Dabei ist der Begriff des „Update" ein typisches Kennzeichen des ZdIK, eines formalisierten Permanenzverständnisses, insbesondere dann, wenn das „Update" zu einem permanenten „Update" geworden ist.

Für einen Verleger etwa ist der Begriff „Update" nichts Neues, beschreibt er doch nichts anderes als eine Neuauflage oder eine Neuausgabe eines Buches. „Updates" gab und gibt es also in der analogen Welt der Buchbranche schon lange, und „Aktualisierungen" bringen auch andere Branchen auf den Markt. Doch eine Neuauflage eines gedruckten analogen Buches ist eine ganz andere Sache als das Update einer Software, einer Datenbank oder eines anderen digitalen Systems. Eine klassische Neuauflage muss mit einem großen Aufwand geplant und durchgeführt werden und birgt immer ein wirtschaftliches Risiko. Ganz anders das Update. Kaum vergehen ein paar Wochen oder Monate, schon wird ein neues Update geliefert, eine neue Version oder ein Release gelauncht. Dabei ist es keineswegs falsch und durchaus sinnvoll, wenn neue Versionen etwa von Software-Programmen entwickelt und zur Verfügung gestellt werden. Allerdings hat die Frequenz der Updates und neuen Releases im ZdIK im Vergleich zu klassischen Neuauflagen eine Beschleunigung erfahren hat, die nahezu beängstigend wirkt und den Vorgang der Aktualisierung geradezu in ein Realtime-Verhältnis verwandelt. Anhalten, Durchatmen, Nachdenken und dann Handeln (und Programmieren) scheint inzwischen jenseits des Denkbaren. Eine neue Version jagt die nächste und das mit zweifelhaftem Erfolg und oftmals nicht nachvollziehbaren Verbesserungen oder gar Verschlechterungen. Selten werden wirklich gute, nützliche Neuerungen eingeführt, die Aktualisierung scheint zum Selbstzweck zu werden. Auch hier geht der Trend von distinkten „Aktualisierungsschritten“ in einem festgelegten Rhythmus hin zu einem rhythmuslosen Permanent-Update. Dabei ist es sicher nur zum Teil den Marketing-Strategen zuzuschreiben die eine hochfrequente Versionierung nutzen, um die Produkte jeweils neu verkaufen und Umsätze generieren zu können.

Die Loseblattsammlungen der Verlage im Bereich Gesetzestexte, Verordnungen und Vorschriften waren die analogen Vorläufer einer digitalen Permanenz, und auch wenn ein Teil der häufigen Aktualisierungen dieser Loseblattsammlungen auf dem Gewinnstreben der herausgebenden Verlage gründet, so sind sie doch auch dem tatsächlichen Veränderungs- und Aktualisierungsbedarf der Materie geschuldet, der in der analogen Druckwelt nicht anders darstellbar war.

Vielmehr scheint es das Zeichen eines gehetzten ZdIK und einer entsprechend aufgestellten Gesellschaft, die sich wenig Zeit nimmt und sich noch weniger Zeit gibt für ein tiefes und konstruktives Nachdenken. Stattdessen treibt sie die Quick-and-Dirty-Strategie auf dem Weg zur umfassenden Permanenz voran. Dabei scheint es keineswegs das digitale Medium selbst zu sein, das diese Permanenz erzwingt und uns keine andere Wahl ließe.

> *„Befeuert wird dieser Umstand durch die Alles-überall-und-bitte-sofort-Mentalität. Die kleinen Zeitsparstrategien wie power napping, take away und speed-dating sollen uns dabei helfen, möglichst viel in möglichst kurzer Zeit zu erledigen. Jedoch scheint sich das Versprechen vom Zeitgewinn niemals zu bewahrheiten. Was sich bewahrheitet, ist die Erfahrung der Hektik, der Hetze und des Stresses. Die Zeit scheint nie auszureichen für all das, was noch ansteht.“ (3)*

Die Quantifizierung nahezu sämtlicher Lebensbereiche von Individuum und Gesellschaft, die Ende des 20. Jahrhunderts ihren massiven Aufschwung nahm, ist der eigentliche Treiber für eine gehetzte Gesellschaft, in der sich das Individuum, das nicht über „Stress" klagt, schon verdächtig macht. Das Gefühl, „keine Zeit mehr zu haben" (auf das wir später noch eingehen werden), ist Ausdruck einer gefühlten Verknappung der Lebensressourcen angesichts einer Überhand nehmenden Aufrechnung von verpassten und wahrgenommenen Chancen. Niemals zuvor hatte die Menschheit mehr Wahlmöglichkeiten als heute, und niemals fühlte sich der Großteil der Bevölkerung um mehr Chancen betrogen. Denn die Entscheidung für eine Alternative bedeutet zugleich die Entscheidung gegen viele andere. Mit der Anzahl der Chancen erhöht sich sogleich das Gefühl, viele andere verpasst zu haben.

> *„Der Eindruck der Atemlosigkeit, den diese Zeit vermittelt, ergibt sich aus dem ontologisch fragwürdigen Versuch, immer mehr Möglichkeiten in einer immer enger erscheinenden Wirklichkeit unterbringen zu wollen. Immer neue Techniken werden dafür genutzt, in schneller Abfolge möglichst viel zu realisieren." (4)*

Damit haben wir als Individuen wie als Gesellschaft vielleicht nicht die absolut freie Wahl, dennoch hat das digitale Medium die pausenlose Permanenz aus verschiedenen Gründen erst möglich gemacht. Ob wir als Menschen und als Gesellschaft ständig nach ihr greifen, bleibt aber unsere eigene Entscheidung, auch wenn manche Warner angesichts von massivem Datenmissbrauch, etwa in der NSA-Affäre, einen Automatismus der Abhängigkeit postulieren. Ganz offensichtlich ist diese Entscheidung aber zu einem

Großteil bereits gefallen, ist doch das Zeitalter der digitalen Information und Kommunikation schon durch die pausenlose Gesellschaft charakterisiert, die sich in der digitalen Permanenz abbildet.

Gleichzeitig jedoch zeigt die digitale Permanenz einen Ausweg aus dem Dilemma, da sie Möglichkeiten von Parallelwelten und Parallelzeiten eröffnet, die aus dem Zwang des „Immer-schneller-und-weiter" einer linearen Zeitvorstellung heraushelfen. Als Alternative der ständigen Beschleunigung entlang eines einzigen Zeitstrahls bietet die digitale Permanenz die ruhige Endlosigkeit eines Zeitkreislaufs im ZdIK an. Wie dies zu bewerkstelligen ist, werden wir noch sehen.

## Literatur


1 Zitiert bei Weizsäcker CF v: Zeit und Wissen. In: Offene Systeme II. Logik und Zeit. Hrsg. v. K. Maurin. Stuttgart: Klett 1981, S. 26

2 Hilbert M, López P: The Worlds Technological Capacity to Store, Communicate, and Compute Information. Science 2011, 332 (6025), 60–65

3 http://kulturwelle.hu-berlin.de/category/magazin/

4 Schmid W: Dem Leben Sinn geben. Berlin: Suhrkamp 2013, S. 97

# 2 Zeit und Beschleunigung

## 2.1 Was ist Zeit?

*Sei überzeugt, es ist so, wie ich schreibe: manche Zeit wird uns entrissen, manche gestohlen, manche verrinnt einfach.*

Seneca (1)

Das Zeitalter der digitalen Information und Kommunikation bringt einen ganz eigenen Zeitbegriff mit sich. Wenn sich die Inhalte in der digitalen Welt in Bits und Bytes, also in eine einfache Zahlenabfolge von 0 und 1 auflösen und auf sie zurückführen lassen, dann hat das für den Zeitbegriff deutliche Konsequenzen. Was ist die Zeit im Zeitalter der digitalen Information und Kommunikation? Wie soll man sich digitale Zeit vorstellen? Oder gibt es keine Zeit mehr im ZdIK? Schon allein das Gefühl der digitalen Permanenz gibt einen Hinweis darauf, wie die Zeit, bislang vorstellbar nur als distinkte Abfolge von Einzelzeitschritten in Form bekannter Zeiteinheiten wie Stunden, Minuten oder Sekunden, in eine Kontinuität gerät, die für den Menschen schwer nachvollziehbar ist.

Dabei ist der Begriff der Zeit kein konstanter und hat im Verlauf der Geschichte auf der Basis der jeweiligen Gesellschaften und ihrer (technischen) Möglichkeiten einen sehr interessanten Wandel erfahren.

Was Zeit ist und wie man sie sich vorstellen kann, wie man mit ihr umgeht und welche Bedeutung sie für das Leben der Menschen hat, wird höchst unterschiedlich und sehr subjektiv beantwortet.

Dabei ist die Frage, was die Zeit eigentlich ist, bis heute ein vieldiskutiertes Thema. Dennoch haben wir alle eine vage Vorstellung davon, was Zeit bedeutet. Wir wissen und fühlen, wie sie vergeht und wie sie uns fehlt – wir wissen aber auch, was Zeit ist, wenn wir Langeweile haben. Aber eine konkrete Definition hat auch der Kirchenvater und Philosoph Augustinus nicht parat: „Was also ist Zeit? Wenn mich niemand danach fragt, weiß ich es; will ich es einem Fragenden erklären, weiß ich es nicht." (2)

*„Im Durchschnitt leben wir ca. 77 Jahre, davon schlafen wir etwa 25 Jahre, 6 Jahre schauen wir fern, 5 Jahre essen wir, 2–3 Jahre unterhalten wir uns, 2,5 Jahre fahren wir mit dem Auto, 1,5 Jahre wird geputzt, 6 Monate verbringen wir auf der Toilette und 3 Monate in Kneipen." (3)*

Die Zeit ist als objektive und messbare Größe also nicht wirklich sinnvoll zu fassen.

Ein großes Faszinosum und zugleich die größte Unsicherheit der Zeitdimension ist das Phänomen der Gegenwart. Wir können problemlos zurückschauen in die Vergangenheit und Pläne machen für die Zukunft. Wenn wir uns aber dem aktuellen Augenblick nähern wollen, sei es von „hinten" oder von „vorne", wird die Spanne der Gegenwart, wird der Augenblick immer kleiner – bis er schließlich zu verschwinden scheint. Die Gegenwart verschwindet also, wenn wir uns ihr annähern.

John Lennon singt in seinem Lied „Beautiful Boy" von der Schwierigkeit, in der Gegenwart zu leben: „Life is what happens, while you are busy making other plans".

Und schon Goethe war bestürzt, dass die Gegenwart als gelebter Augenblick kaum zu fixieren ist. So lässt er seinen Faust sagen: „Werd ich zum Augenblicke sagen: Verweile doch! du bist so schön.“ (Johann Wolfgang von Goethe, Faust I)

Die gegenwärtige Empfindung der Zeit durch die Menschen des 21. Jahrhunderts (die meist als zu knapp wahrgenommen wird), ist nicht vergleichbar mit dem Zeitgefühl der Menschen in vergangenen Jahrhunderten. Bis hinein in die Neuzeit war die „Uhrzeit“ kein Maß für die Menschen. Erst die Erfindungen der (mechanischen) Uhr und ihrer Präzision haben den Menschen in einen Rhythmus gezwungen, der vorher nicht existierte und der später erforderlich sein sollte, die mechanisierte und industrialisierte Welt zu organisieren.

Pünktlichkeit wird erst im 7. Jahrhundert durch das Gebetsverhalten der Mönche zu einem Kriterium. „Pünktlichkeit wird zu einem neuen Ideal.“ (4)

Bis dahin ließ man sich treiben und war dem Fluss des Lebens ausgeliefert. Auch nach der „Erfindung“ der Uhr gab es im Mittelalter an einem Ort lange Zeit verschiedene Zeiten. Das hat aber (außer die Mönche) niemanden gestört, da Kommunikation und Information noch so langsam abliefen und die Ungleichzeitigkeit keinen Auswirkungen auf das alltägliche Leben hatte.

Die Zeit als Vorstellung eines einlinearen gerichteten Zeitpfeils aus der Vergangenheit in die Zukunft ist eine Vorstellung der Neuzeit. Noch im Mittelalter war alles mit allem verknüpft und Zeitstrukturen waren als Gewebe oder als Kreislauf gedacht.

Im Mittelalter wird die Permanenz der Zeit durch die Allgegenwart mechanischer Uhren und ihres Glockenschlages präsent. Erst damit war die „äußere“ Zeit physisch erfahrbar, hörbar und spaltete die „innere“ Zeit immer mehr ab. Die „äußere“ Zeit wurde zum alleinigen Maßstab zeitlicher Urteile und Beurteilungen.

Aber erst seit dem Königsberger Philosophen Immanuel Kant lebt der Mensch *in* der Zeit, sie wird lebenskonstitutiv. Damit ist (zumindest in der aufgeklärten Welt Mitteleuropas) die zirkuläre und mythische Zeitvorstellung endgültig vorüber.

Die Linearität der Zeit, vorgestellt als Zeitpfeil mit einer Richtung aus der Vergangenheit in die Zukunft, beginnt (► Abb. 2-1).

Philosophisch ist es nach wie vor umstritten, wie man sich die Zeit vorzustellen hat: als rein linear, so wie wir sie seit Kant wahrnehmen, oder doch in einer zyklischen Form,

**Abb. 2-1** Erst ganz allmählich wurde durch die Präsenz von zentralen Kirchturmuhren die formale Uhrzeit zu einem lebensbestimmenden Faktor.

so wie sie in frühen Kulturen vorkommt und als Teil der Einbettung in allgemeine (naturrhythmische) Prinzipien verstanden wurde und bei Naturvölkern noch heute gilt (5).

Die Entwicklung von genauen Zeitmessern und die Erfindung der Uhr ergaben ein neues zeitliches Raster für die Organisation und Gestaltung des Lebensalltags. Damit ließ sich mehr Inhalt im gleichen Zeitraum effizient organisieren. Heute haben Gesellschaft und Wirtschaft das Gefühl, an die Effizienzgrenzen der linearen Zeitabläufe gestoßen zu sein.

> *„Die Lebenszeit mit ihren natürlichen Einheiten ist für den Menschen im wesentlichen eine unverfügbare und unveränderliche Größe; will er mehr an Leistung und Genuss, an Selbstdarstellung und Lebensfülle, so muss er die Realisierung seiner Möglichkeiten in dieser vorgegebenen Zeit beschleunigen." (6)*

Dies war der Grundtenor der Technikentwicklung in der Moderne und dem gleichzeitig beginnenden Wettlauf um die immer knapper werdenden Zeitressourcen.

Die Gleichzeitigkeit der digitalen Permanenz im ZdIK bietet hier eine andere Option. Ob der Wechsel von Seriell- zu Simultanstrukturen als Strategie einen möglichen Ausweg bietet, wird zu diskutieren sein, ebenso die Frage, ob dies nur scheinbar oder tatsächlich umsetzbar ist.

Im Zeitalter der Industrialisierung war die Uhr das Mittel für Kontrollierbarkeit und Rhythmik. Sie presste den Tag und die Nacht in gleichmäßige Abschnitte einer messbaren Taktung, die im Gleichschritt mit den Produktionsbändern zu einem Gleichtakt der Arbeiter wurde (7):

> *„Sie sorgte für die Messbarkeit, die Kontrollierbarkeit und auch die Beherrschbarkeit der Beschleunigung, ganz besonders aber für die der Beschleunigung der Beschleunigung.*

*Zugleich hat sie der modernen Gesellschaft ihre taktförmige Funktionsweise und ihr Verlaufsprogramm, das des ‚Eins-nach-dem-anderen', vorgegeben und aufgezwungen." (8)*

Dieses „Eins-nach-dem-anderen", das den Menschen in der Industrialisierung in ein neues Zeitmuster presste, ist heute längst nicht mehr das Maß der Taktung unserer Gesellschaft. Im ZdIK ist das „Eins-nach-dem-anderen" bereits schon wieder überwunden, es reicht weder dem Menschen zur Lebensgestaltung noch der Wirtschaft zur Umsetzung und Taktung der Arbeitsprozesse. Denn mit dem „Eins-nach-dem-anderen" kann immer nur „Eins" pro Zeiteinheit erledigt werden, wie Karlheinz Geißler in seiner „Kleinen Geschichte der Zeit" erläutert (9) (►Abb. 2-2).

**Abb. 2-2** Durch die formalisierten Arbeitsprozesse in den Fabrikhallen war die Einhaltung einer standardisierten und für alle gültigen Uhrzeit erforderlich geworden.

Die digitale Permanenz jedoch ermöglicht den dialektischen Auf- und Ausstieg über die Taktung der Uhr aus dem Zeitalter der Industrialisierung hinaus: Die digitalen Medien des ZdIK erlauben eine Gleichzeitigkeit und damit einen vermuteten Produktivitätszuwachs. Das alltägliche Leben der Menschen im ZdIK ist nicht mehr nach der Uhr getaktet, sondern nach Simultanzugriffen.

Durch die Nutzung von digitalen Geräten und Prozessen und in der Manifestierung der digitalen Permanenz geraten wir weg von der als modern empfundenen und oft kritisch gesehenen, unter dem Topos der Beschleunigung hinterfragten Einlinearität der Zeit hin zu einer polyzeitlichen Struktur. Das, was vor der Zeit in ihrer Einlinearität vorhanden war, wird durch die digitale Permanenz im dialektischen Sinne aufgehoben.

Parallelwelten und Parallelzeiten werden nun mithilfe technischer Dimensionen in der Virtualität Realität. Zeitkreisläufe und verwobene Zeitstrukturen sind nicht mehr länger nur gedacht oder geträumt, sondern in Abgrenzung zum Zeitmythos des Mittelalters real geworden.

In der mythologischen Zeitvorstellung gibt es keine Vergangenheit und keine Zukunft, sondern alles existiert gleichzeitig.

> *„So wenig die durchlaufenen Teile vergangene sind, so wenig sind die noch ausstehenden zukünftige. Vielmehr existieren alle gleichzeitig in ewiger Präsenz. Vergangenheit und Zukunft gibt es (noch) nicht. Sie koinzidieren in einer Allgegenwart." (10)*

Ist diese „ewige Präsenz" nun durch die digitale Permanenz abgelöst oder gar eingelöst?

In der Tat gerät die gedachte Allgegenwart einer mythischen Zeit (-vorstellung) in der digitalen Permanenz (wieder) zur Realität.

## 2.2 Beschleunigung und digitale Permanenz

*Die Felder sie fliegen, die Bäume, der See*
*Die Farben verschwimmen in Massen des Lichts*
*Es schreien die Pfade, es zittert die Höh',*
*Wir sehen ALLES und sehen doch NICHTS.*
Christian Friedrich Scherenberg (11)

Das Problem der beschleunigten Zeitabläufe ist jedem bekannt. Viel zu schnell vergeht die Zeit, das Wochenende ist schon wieder um, und die ersehnten Urlaubstage sind viel zu schnell vorüber. Aber das Warten an der Ampel wird ebenso zur Qual wie das Sitzen im Wartezimmer des Arztes. Die Zeit geht viel zu langsam vorbei.

Insgesamt bleibt dennoch das subjektive Gefühl, die Welt werde immer schneller und alle Prozesse liefen nur noch in beschleunigter Form ab.

Wir wissen aber, dass die Zeit nicht schneller läuft, sie ist voller, die Inhalte häufen sich und nehmen an Dichte zu. Es entsteht nur das Gefühl, die Zeit verginge schneller.

Dieses Gefühl entsteht immer dann, wenn in gleichen Zeitanteilen mehr erlebt wird, also eine größere Erlebnis- und Ereignisdichte herrscht. Es entsteht aber auch durch eine größere Anzahl von Handlungs- und Erlebnisoptionen pro Zeitanteil, die im Internet nahezu ins Unendliche gesteigert sind. Es ist deshalb der digitalen Permanenz geschuldet und ihr immanent, dass der Mensch im ZdIK nahezu ständig das Gefühl der rasenden Zeit hat, das Gefühl, die Zeit liefe davon.

> *„Letztlich ist diese radikale Pluralität der Möglichkeiten des Erfahrens und Erlebens ein Charakteristikum für das, was man die Postmoderne nennt." (12)*

Wenn damit alles gleichzeitig möglich ist, verdichtet sich durch die digitale Permanenz alles in der Gegenwart, und die Kategorie Zukunft droht verloren zu gehen.

Hingegen ist das Warten-Können, das Aushalten der Langeweile, kaum mehr vermittelbar: Warten-Können ist heute nur noch negativ belegt, es gibt keine positive Bedeutung von Warten mehr. Früher war es einmal positiv gemeint und wurde auch so verstanden. Die digitale Permanenz ist ein Ausdruck des Nicht-mehr-warten-Könnens und eng verwandt mit dem Thema des Sich-nicht-mehr-selbst-aushalten-Könnens. Die Angst vor dem Alleinsein mit sich selbst führt zu einer Absicherung durch die digitale Permanenz. Diese garantiert beim Versagen eines Systems die Verfügbarkeit eines anderen.

Langeweile in konstruktiver Form ist jedoch wichtig, da sie ein Teil der Musealisierung des menschlichen Lebens ist. Musealisierung aber bedeutet, dass ein bewusstes Innehalten, Bremsen und Kontrastieren mit dem jeweils anderen das eigene Erleben bewusster macht und damit länger verfügbar. „Museumstage" des Menschen, so beschreibt es der Psychologe John Strelecky (13), kennzeichnen all jene Tage, an die man sich (gerne) erinnert, die präsent bleiben und als gelebtes Leben unterschieden werden von den vielen (gesichtslosen) Tagen, die erinnerungslos vergangen und damit zerronnen sind.

Die digitale Permanenz ist aber das Gegenteil von Langeweile und damit das Gegenteil von einer bewussten „Bildung", wie es Dörpinghaus und Uphoff nennen (14).

Und der Philosoph Wilhelm Schmid weist darauf hin, dass ein Zuviel an Möglichkeiten auch eine Einschränkung bedeuten kann:

> *„Wo aber kein Rahmen geschaffen wird, kann nichts mehr so recht wirklich werden, es droht die ontologische Paralyse, die Auflösung jeglicher Wirklichkeit im Meer der Möglichkeiten." (15)*

Hartmut Rosa hat in einem grundlegenden Werk das Thema Beschleunigung in aller Ausführlichkeit dargestellt (16). Dabei zeigt sich, dass Beschleunigung nicht erst ein Phänomen der digitalen Welt ist. Spätestens mit der Industrialisierung Ende des 19. Jahrhunderts begann eine gefühlte Beschleunigung, die die Zeitgenossen deutlich formuliert haben. Der Urvater der sozialen Marktwirtschaft, Gustav Schmoller, wird bereits 1873 so zitiert:

> *„Immer schneller soll es gehen. Immer hastiger stürzt sich das junge Geschlecht in die Bahn des Lebens. Keine Minute verlieren ist die Losung: das ganze Leben gleicht einem dahinbrausenden Eisenbahnzug." (17)*

Und Joachim Radkau konstatierte bereits das Ende des 19. Jahrhunderts als das „Zeitalter der Nervosität", in der allein sprachlich eine Reihe von Begriffen geprägt worden seien, die eine beschleunigte Welt demonstrierten: Schnellpost, Schnellbleiche, Schnellpresse, Schnellseifensieder (18). Auch in der Musik wird die Beschleunigung spürbar: Die Musikwissenschaft hat festgestellt, dass sich das Aufführungstempo klassischer Werke seit dem 19. Jahrhundert kontinuierlich erhöht hat.

Doch schon viel früher, bereits im Mittelalter, gab es begeisterte Stimmen, die die Erfindung des Buchdrucks als Erhöhung der Taktfrequenz des Lebens gefeiert haben, so wie Johannes Kepler („Ich glaube wirklich, dass die Welt jetzt erst wirklich lebt, dass sie geradezu rast"[19]), während der Zisterziensermönch Leontorius den Buchdruck als viel zu hektisch brandmarkte und von der „mannigfaltigen und verwerflichen Hetze (des Druckens), die fast für alle oberstes Gebot sei" (20), schrieb.

> *„Jede geschwindigkeitssteigernde Neuerung führte bei ihrer Einführung zu einer Form des Kulturkampfes, in der die glühenden Verfechter der neuen Technologien, welche die sich eröffnenden Möglichkeiten und Verheißungen priesen, ebenso entschlossenen Gegnern gegenüberstanden, die vor dem Verlust humaner Maße und einer kontrollierbaren Lebenswelt ebenso warnten wie vor den physisch und psychisch schädlichen Folgen der neuen Technik: Die Warnungen reichten vom ‚Fahrradgesicht' durch zu hohen Windwiderstand über Gehirnzersetzungen und Verdauungsbeschwerden durch das hohe Tempo bei Eisenbahn- und später Automobilreisen bis zu apokalyptischen Visionen des völligen Kulturverlustes infolge des massenhaften Fernsehkonsums oder der unheilbaren depressiven Isolation als Konsequenz ausgedehnter E-Mail-Kommunikation und exzessiven Internetkonsums." (21)*

Deshalb verlaufe, so Rosa, die Geschichte der Einführung von (technischen) Neuerungen systematisch in drei Stufen ab:

1. Erneuerungsprozesse laufen selten linear und gleichmäßig ab, sondern schubweise und treffen dabei auf Hindernisse, Gegenbewegungen und Widerstände.
2. Nach einem Innovationsschub folgt meist eine Anti-Innovationsdebatte.
3. Entgegen dieser Anti-Diskurse enden solche Kulturkämpfe meist mit dem Sieg der Innovatoren und der Durchsetzung der neuen Technologie.

Nach Rosa existieren vier Formen der Akzeleration: die Beschleunigung von Einzelhandlungen, die Eliminierung von Pausen, die zeitliche Überlagerung von Tätigkeiten (Multitasking) und die Ersetzung von zeitaufwändigen durch zeitsparende Aktivitäten (22).

Durch die neuen Medien des Internet (digitale Multimedia-Inhalte) entstehen ungeheure Mengen an Optionsvermehrungen, die den „Verpassungsgrad" (23) fast exponentiell werden lassen. Wer sich für eine Option entscheidet, entscheidet sich gegen eine andere, und damit beginnt ein time-race ungeheuren Ausmaßes, der sich auch dadurch manifestiert, dass man sich erst gar nicht mehr auf eine Option festlegen will, um die andere nicht zu verpassen.

Die zeitliche „In-Bezug-Setzung" von Inhalten und Ereignissen ist eine Folge (und auch nur möglich) durch die lineare Zeitvorstellung. Im Netz wird diese Zuordnung aber von der digitalen Permanenz aufgehoben. Es wird immer wieder kritisiert, dass damit Zusammenhänge verloren gehen, Bezüge willkürlich sind oder gar ganz fehlen.

Noch niemand allerdings hat die digitale Permanenz in ihrer strukturlosen Netzkultur verstanden und interpretiert als die Überwindung der Einlinearität und Eindimensionalität der modernen Zeitvorstellung.

Wenn einfache lineare logische Bezüge überwunden werden, muss an deren Stelle nicht nichts treten – auch nicht das Chaos. Es ist ein Zeichen von „Fort"-Bildung und von wissenschaftlicher Erkenntnis, wenn aus der Unübersichtlichkeit Muster entstehen und Zusammenhänge gerade dann aufscheinen, wenn die Voraussetzungen dafür zusammenhanglos sind. Die Ergebnisse der Korrelationen, die Algorithmen heute aus riesigen Datenmengen destillieren, sind Beispiele dafür, wie aus einem für den menschlichen Geist zusammenhanglosen Chaos Bezüge aufscheinen und neue Erkenntnisse generiert werden.

Damit kann die digitale Permanenz verstanden werden als die Rückkehr zur Poly- und Multidimensionalität von Zeitstrukturen, die man in der Moderne zu überwinden geglaubt hatte, die aber in der Sackgasse der Einlinearität steckengeblieben sind.

Das ZdIK bietet heute Chancen für die Überwindung der entstandenen Engführung der einlinearen Zeit auf dem einfachen Richtungspfeil von der Vergangenheit in die Zukunft.

Wenn im Gefolge der digitalen Permanenz Einsichten realisiert werden, die ohne sie nicht möglich geworden wären, ist ihr Auftreten ein „Wieder-Holen" von überholt Geglaubtem, ein Wieder-Aufgreifen von Vergangenem.

Die digitale Permanenz ist ein Ausdruck für die Multiperspektivität der Zeiten. Denn im ZdIK existieren viele Zeiten, die potenziell unbegrenzt sind. Sie ist zugleich Sinnbild für das Internet und seine digitalen Multiperspektiven. Die Zeitvorstellung der Vorsokratiker und des Mittelalters, wonach ein ewiger Rhythmus der Wiederkehr einen kontinuierlichen Kreislauf bedeutet und in Heraklits Aussage „Alles fließt" zusammengefasst werden kann, ist damit wieder präsent und im „Liquid Document" sogar auch förmlich manifest geworden.

Im Zeitalter der digitalen Information und Kommunikation wird das Thema Zeit und Zeitempfindung neu zu stellen sein und kann neu gestellt werden. Neue Raum- und Zeit-Konzepte sowie eine erweiterte und veränderte Raum- und Zeitwahrnehmung sind jetzt durch die digitalen Medien möglich geworden (24). Die digitale Permanenz versucht durch die Aufhebung der Zeitsukzession hin zu einer digitalen Gleichzeitigkeit diese Grenzen zu sprengen oder zumindest zu überspringen. Dies gelingt zum Teil bereits, wenn auch mit unterschiedlichem Erfolg und mit deutlichen Nebenwirkungen. Diese bestehen etwa darin, dass die Gleichzeitigkeit nur teilweise gelingt, die Sicht eingeschränkt bleibt oder das Kontinuum der Gleichzeitigkeit doch noch in vielen kleinen distinkten Schritten abläuft – etwa wie ein Film, der noch in Einzelbildern erkannt wird. Die Verankerung und Basis des Digitalen im Physisch-Konkreten ist zudem ein weiterer Hemmschuh auf dem Weg in die „absolute" digitale Permanenz.

Diese schafft alles, kann alles und ermöglicht Parallelwelten, Parallelzeiten und Parallelräume. Gloy verwendet zur Veranschaulichung das Bild eines Wollknäuels: aus der Ferne ein distinkter Punkt, beim Näherkommen ein dreidimensionales Gebilde, dann Fäden, die wiederum aus mehreren Säulen bestehen (25).

Die digitale Permanenz ist deshalb nichts anderes als der Ausdruck einer neuen und nunmehr anderen, dritten Form der Zeitwahrnehmung und eines neuen Zeitverständnisses. Sie ist ein neuerlicher Wechsel in eine andere Zeitwahrnehmung im Zeitalter der digitalen Information und Kommunikation.

## 2.3 Zeitempfinden und Erinnerung aus biologischer Sicht

*Wenn die Zeit kommt, in der man könnte,*
*ist die vorüber, in der man kann.*
Marie von Ebner-Eschenbach (26)

Zeit gilt als konstitutives Element unseres Lebens. Zahllose Ratgeber wollen uns helfen, mit der Zeit sparsam umzugehen, zeiteffizient zu sein, Zeit einzuholen, Zeit zu gewinnen, die Zeit besser zu nutzen oder einfach mehr Zeit zu haben. In der Tat ist die Zeit vielleicht „Der Stoff, aus dem das Leben ist“ (27). So nennt Stefan Klein sein Buch, in dem er – Physiker und Philosoph – das Phänomen der Zeit sowohl aus naturwissenschaftlicher Sicht als auch in psychologischer und philosophischer Denkweise beschreibt. Dabei macht er klar, dass das Zeitempfinden ganz besonders subjektiv geprägt und von unserer Einstellung und von der Art und Weise abhängig ist, wie wir leben und denken. Insbesondere ist die Vielfalt und riesige Menge der Ereignisse maßgeblich Schuld daran, das wir heute so wenig Zeit haben, die Eindrücke zu genießen: „Soziologen bezeichnen dies als Ereignisgesellschaft.“ (28)

Bei einer vorliegenden Reiz- und Ereignisüberflutung gerät das Gehirn in ein Dilemma: Entweder verbringen wir, so schreibt Klein, mit jedem Reiz weniger Zeit oder wir springen von einem Reiz zum nächsten.

Drei Viertel aller Amerikaner verbringen täglich mehr als eine Stunde mit ihrer elektronischen Post, 41 % der Befragten rufen morgens noch vor dem Zähneputzen zum ersten Mal ihre Mails ab.

Dabei können wir Menschen gar nicht anders reagieren: Unser Gehirn ist so strukturiert, dass es sich sofort einem neuen Reiz zuwendet und dem Objekt Aufmerksamkeit schenkt. Deshalb stürzen wir uns „mit derselben Intensität darauf, mit der ein Savannenbewohner beim Rascheln im Laubwald die Ohren spitzte“ (29), und gehen in der Informationsflut unter.

Die Aufmerksamkeit gliedert sich in drei Stufen: Erstens werden wir wacher und empfänglicher für eine Information, wenn sie uns direkt betrifft, etwa wenn unser Name in einer lauten Umgebung fällt. Dies bezeichnen die Psychologen als Achtsamkeit. Die zweite Stufe gehört der Orientierungsfunktion. Sie bedingt eine Haltung der Orientierung, die wir aufgrund der neuen Information einnehmen. Als dritten Schritt der Aufmerksamkeit selektiert nun unser Gehirn die Informationen und sorgt mit dieser Auswahlfunktion dafür, dass alles andere nun nicht mehr wahrgenommen wird (30).

Unser Gehirn ist so strukturiert, dass wir mit einer großen Neugier neuen Signalen automatisch aufmerksam entgegengehen. Damit entsteht ein positiver Reiz, eine Aufregung, eine Spannung und ein inneres Kribbeln. Dieser Prozess läuft automatisch ab und kann nicht abgestellt werden.

Eine eintreffende E-Mail, der Handy-Anruf oder die neue SMS reißen die Aufmerksamkeit an sich und verursachen einen positiven Reiz. Wir können diesen Reiz nicht bewusst ausschalten und lassen uns deshalb in einer reiz- und ereignisüberfluteten Welt ablenken.

Der Grund dafür liegt in der speziellen Filterfunktion des Gehirns und seiner Schärfe oder Unschärfe, die sich im Laufe der Evolution herausgebildet hat. Es war für die menschliche Spezies früher überlebenswichtig, jegliche Information der natürlichen Umgebung wahrzunehmen, um darauf reagieren zu können.

Der moderne Mensch muss aber nicht mehr jedes Rascheln in der Savanne wahrnehmen, um zu überleben, und damit, so schreibt Stefan Klein, ist das Fehlen eines Filters heute fatal. Denn damit geraten wir in der Reiz- und Ereignisschwemme schnell an unsere Grenzen, werden ständig unterbrochen und können uns nicht mehr auf das Wesentliche konzentrieren. Wir stolpern somit über die Neugier unserer eigenen Sinne, die uns früher das Überleben gesichert hat, heute aber zum Informations-Overload führt.

Die digitale Permanenz macht die Zahl der Reize noch größer und lässt die Konzentrationsfunktion der Aufmerksamkeit noch stärker sinken. Geradezu institutionalisiert ist dies beim Multitasking, das als Allheilmittel gegen die Reizüberflutung nicht nur nicht hilft, sondern das Gegenteil bewirkt.

> *„Leider ist das so genannte Multitasking eine der wirksamsten Arten, seine Zeit zu vertrödeln. Die Leistungsfähigkeit geht nämlich schon dann dramatisch zurück, wenn man nur zwei einfache Aufgaben gleichzeitig zu bewältigen versucht." (31)*

Unsere Aufmerksamkeit springt nämlich nur hin und her, auch wenn wir glauben, alles gleichzeitig zu tun. Durch dieses Hin- und Herspringen werden wichtige Zwischeninformationen im Kurzzeitgedächtnis nicht gespeichert und gehen damit wieder verloren. Multitasking scheint damit ein Zeiträuber zu sein und als Parallelverarbeitung keine Lösung für die Abarbeitung der Überflutreize zu bieten.

Wir werden noch sehen, dass die Schaffung von Parallelwelten und Parallelzeiten durch die digitale Permanenz im ZdIK etwas anderes ist als das übliche Multitasking. Vielleicht, so werden wir sehen, kann damit mehr gewonnen werden, als durch das Multitasking vermeintlich verloren geht.

Die Erinnerung und das Erlebnis von Zeit wird neurologisch durch mehrere Formen des Gedächtnisses gesteuert: das Ultrakurzzeitgedächtnis, das Kurzzeitgedächtnis und das Langzeitgedächtnis. Für das Ultrakurzzeitgedächtnis, das etwa drei Sekunden lang funktioniert, sind biochemische Vorgänge verantwortlich. Proteine werden aufgebaut und zerfallen anschließend wieder, sodass nichts in unserer Erinnerung verbleibt oder später wieder abrufbar wäre.

Es ist eine interessante und noch kaum untersuchte Frage, ob die kurzen „Spotnachrichten" (wie Tweeds oder SMS) in dieser Gedächtnisform – kaum dass sie aufgeblitzt sind – schon wieder vergessen werden. Wir müssen tatsächlich aufpassen, dass wir unsere Speicher nicht überlasten mit derartigen Informationen – jene Speicher, die auch eine Jahrmillionen erfolgreiche Evolution für nichtig erklären und damit ein Bewusstsein jenseits von Reiz- und Informationsüberflutung erst möglich gemacht haben.

Denn das Langzeitgedächtnis funktioniert ganz anders. Statt schnelllebiger Proteine, nach deren Zerfall nichts mehr bleibt, setzt das Langzeitgedächtnis auf strukturelle neurologische Veränderungen im Hirn. Informationen, die auch längerfristig verfügbar sein sollen, werden in neu aufgebauten Nervenzellen gespeichert: Das Hirn verändert sich also fortwährend und funktioniert ganz anders als die Festplatte unserer Computer. Für das Langzeitgedächtnis wird die menschliche „Hardware" also permanent erweitert, das Kurzzeitgedächtnis hingegen funktioniert eher so ähnlich wie eine Festplatte, freilich mit einer sehr viel kürzeren Verweildauer.

Die digitale Permanenz im ZdIK wird Einfluss nehmen auf unser Erinnern und auf unser Zeitempfinden. Es ist bekannt, dass nur dann die Vergegenwärtigung des Augenblicks möglich wird, wenn sich der Mensch konkret darauf konzentriert. Im sehr direkten und bewussten Konzentrieren auf die augenblickliche Beschäftigung wird Gegenwart erlebbar, die dann auch über die Mechanismen der Gedächtnisprozesse im Langzeitgedächtnis speicherbar wird.

Computerspielen oder Zappen am Fernsehen produziert offensichtlich keine erlebte Gegenwart und ist noch weniger in seiner zeitlichen Ausdehnung wiedererlebbar. Die Zeit scheint damit doppelt verloren: Soll durch das Zappen möglichst viel Verschiedenes hängenbleiben, bleibt am Ende gar nichts.

Wenn in der digitalen Permanenz das Gegenwartserleben tatsächlich verdoppelt werden kann – durch die Langzeitspeicherung des Erlebten und Getanen –, verdoppelt sich die (Er-)Lebenszeit. Bleiben hingegen bestimmte Aktivitäten ungespeichert, dann ergibt 2 × 0 nichts anders als 0, und auch die doppelte Aktivität hilft nicht weiter. Wir müssen dabei aber unterscheiden zwischen der erlebten Gegenwart, der Gedächtnisspeicherung und der Relevanz von Handlungen.

Es könnte also das Paradox eintreten, dass Parallelhandeln – durch die digitale Permanenz erst ermöglicht – Menschen produktiver macht, der Handelnde aber selbst davon nichts oder nur wenig bemerkt, weil er weder die Gegenwart erlebt noch seine Aktivitäten gespeichert werden.

# Literatur


1 Seneca, zitiert nach Dörpinghaus A, Uphoff IK: Die Abschaffung der Zeit, Darmstadt: Wissenschaftliche Buchgesellschaft 2012, S. 134

2 Augustinus: Die Bekenntnisse des Heiligen Augustinus, 11. Buch, 14. Kapitel, Kindle-Ausgabe

3 GEO-Wissen 36/2005, zitiert nach Dörpinghaus A, Uphoff IK: Die Abschaffung der Zeit. Darmstadt: Wissenschaftliche Buchgesellschaft 2012, S. 10f.

4 Gendolla P: Die Einrichtung der Zeit. In: Gendolla P, Schulte D (Hrsg) Was ist die Zeit? München: Fink 2012, S. 16

5 Vgl. dazu: Gloy K: Philosophiegeschichte der Zeit. München: Fink 2008, S. 16ff.

6 Blumenberg H: Geistesgeschichte der Technik, Frankfurt/M.: Suhrkamp 2009, S. 81

7 Geißler K: Eine kleine Geschichte der Zeit. In: Was ist die Zeit? Gendolla P, Schulte D (Hrsg) Was ist die Zeit? München: Fink 2012, S. 91

8 Geißler K: Eine kleine Geschichte der Zeit, a. a. O., S. 91

9 Geißler K: Eine kleine Geschichte der Zeit, a. a. O.

10 Gloy K: Philosophiegeschichte der Zeit, a. a. O., S. 21

11 Scherenberg CF: Gedichte, Berlin 1845

12 Bidlo O: Rastlose Zeiten. Die Beschleunigung des Alltags. Essen: Oldib Verlag 2009, S. 72

13 Strelecky J: The Big Five for Life: Was wirklich zählt im Leben. München: dtv 2009

14 Dörpinghaus A, Uphoff IK: Die Abschaffung der Zeit. Darmstadt: Wissenschaftliche Buchgesellschaft 2012, S. 89

15 Schmid W: Dem Leben Sinn geben. Berlin: Suhrkamp 2013, S. 71

16 Rosa H: Beschleunigung. Frankfurt/M.: Suhrkamp 2005

17 Zitiert nach Passig K, Lobo S: Internet – Fluch oder Segen. Berlin: Rowohlt 2012, S. 93

18 Radkau J: Das Zeitalter der Nervosität. Deutschland zwischen Bismarck und Hitler. München/Wien: Hanser 1998

19 Kepler J (1606), zitiert nach Passig K, Lobo S: Internet – Fluch oder Segen, a. a. O., S. 96
20 Leontorius, zitiert nach Passig K, Lobo S: Internet – Fluch oder Segen, a. a. O., S. 94
21 Rosa H: Beschleunigung, a. a. O., S. 80
22 Vgl. Rosa H: Beschleunigung, a. a. O., S. 209ff.
23 Rosa H: Beschleunigung, a. a. O., S. 293
24 Gendolla P, Schulte D (Hrsg) Was ist die Zeit? München: Fink 2012, S. 9
25 Gloy K: Philosophiegeschichte der Zeit, a. a. O., S. 34
26 Ebner-Eschenbach M v: Gesammelte Schriften, Bd. 1, Ausgabe 2. Berlin: Gebr. Paetel 1905, S. 33
27 Klein S: Zeit. Der Stoff, aus dem das Leben ist. Frankfurt/M.: Fischer Taschenbuchverlag 2011
28 Klein S: Zeit. Der Stoff, aus dem das Leben ist, a. a. O., S. 179
29 Klein S: Zeit. Der Stoff, aus dem das Leben ist, a. a. O., S. 181
30 Klein S: Zeit. Der Stoff, aus dem das Leben ist, a. a. O., S. 110f.
31 Klein S: Zeit. Der Stoff, aus dem das Leben ist, a. a. O., S. 193

# 3 Das Zeitalter der digitalen Permanenz in Beispielen

Eine ganze Reihe von Lebensbereichen ist bereits mehr oder weniger stark und vollständig von den Symptomen der pausenlosen Gesellschaft durchdrungen oder wird von ihren Randbedingungen dominiert. Es gibt nahezu keinen Bereich, der nicht zumindest in Teilen vom Segen der digitalen Permanenz profitiert oder an ihrem Fluch leidet.

Am augenscheinlichsten macht sich das ZdIK in seinen traditionell angestammten Bereichen wie der Computer- und IT-Technologie und zudem in der Telekommunikation bemerkbar. Aber auch in vielen anderen Lebensbereichen, die nur mittelbar etwas mit Informationstechnologie und Telekommunikation zu tun haben, sind die Folgen der digitalen Permanenz in vielen unterschiedlichen Alltagssituationen spürbar.

Das beginnt bereits beim Frühstück, wenn der Kaffeeautomat mit dem Internet verbunden ist und die fehlenden Kaffeebohnen selbsttätig beim Händler über das Netz ordert oder seine Inspektionsintervalle und das erforderliche Softwareupdate durchführt. Das Internet der Dinge verbindet Alltagsgeräte mit Netzinformationen und entlastet den Menschen von Routinearbeiten.

Die morgendliche Lektüre der Zeitung, die der ein oder andere noch als Druckausgabe abonniert hat, ist ein Auslaufmodell (►Kap. 3.2). Die Zahlen der Druckauflagen sind stark rückläufig, und der Trend zum E-Paper nimmt eindeutig zu. Also dann doch die Frühstückszeitung auf dem Tablet-Computer laden? Womöglich hat man diese Ausgabe aber schon am Vorabend gelesen, denn auch hier macht die digitale Permanenz keinen Halt. Immer früher erscheinen die neuen Ausgaben, und wenn die Wochenzeitung „DIE ZEIT", die man klassisch am Donnerstag im Kiosk kaufen kann, bereits Tage vorher digital zu lesen ist, fragt man sich natürlich, was denn das Erscheinungsdatum noch bedeutet: Zunehmend weniger offensichtlich, denn auch in der Zeitungswelt ist die pausenlose Gesellschaft längst am Werk und liefert Informationen und Aktualisierungen permanent. Das wiederum bedeutet, dass die Aktualisierung in bestimmten Schritten (mögen diese auch in den letzten Jahren immer kleiner geworden sein) einem Kontinuum des Informationsflusses gewichen ist. Pausenlos und permanent sind auch die Kennzeichen von Newstickern und anderen Aktualitätsportalen, die nahezu in Echtzeit Nachrichten liefern und verbreiten (►Kap. 3.3). Die Meldung über eine Demonstration auf dem Tahrir-Platz in Kairo wird nicht mehr übermittelt, verteilt, aufbereitet, überprüft und dann in der Tagesschau um 20 Uhr am Abend gesendet: Im ZdIK wird die Demonstration auf dem Tahrir-Platz direkt (und wie man früher sagte „live") über die Portale in alle Welt verbreitet – und das in einem Realtime-Verhältnis.

Der klassische Sendeschluss beim Fernsehen war noch ein Kennzeichen der „Pausengesellschaft" (►Kap. 3.1). Dieser wurde noch in der vordigitalen Zeit abgeschafft, und seitdem werden die Programme rund um die Uhr gesendet. Im ZdIK ist aber auch das 24-Stunden-Fernsehen nicht mehr zeitgemäß, weil es in festen Rhythmen vorgefertigte Programminhalte sendet. Die Gesellschaft der digitalen Permanenz erwartet (und goutiert) keine fixen Programmabläufe mehr, genauso wenig wie sie feste Lieferzeiten von Nachrichten oder Zeitungen akzeptiert. Die Rhythmisierung ist verschwunden, jeder stellt sich nicht nur seine eigenen Informationskanäle zusammen, sondern wird permanent unterhalten und informiert.

Denn das ganze Leben ordnet sich im ZdIK entlang der digitalen Permanenz neu: Eltern überwachen den Ort und die Aktivitäten ihrer Kinder unter Zuhilfenahme von Handys und Smartphones permanent und wissen dank GPS-Tracking immer, wo sie sich befinden (▸ Kap. 3.4). Gleichzeitig organisieren sich die Jugendlichen selbst auch bei sozialen Aktivitäten mittels Handy und Smartphone permanent neu: Niemand mehr muss sich verabreden oder einlassen auf das, was er oder sie gerade erlebt. Die nächste Attraktion ist gewiss nur einen Klick oder eine SMS entfernt. Fluch und Segen liegen hier dicht beieinander (▸ Kap. 3.6).

Ohnehin sind die sogenannten Digital Natives, also die Angehörigen der Generation Y, von einer digitalen Lebensrealität umgeben und durchdrungen. Sie leben sie nicht nur, sie sind die Repräsentanten des ZdIK (▸ Kap. 3.5).

Aber auch scheinbar traditionelle Bereiche wie Bibliotheken und Archive sind längst in der Permanenzfalle gefangen und müssen sich deshalb völlig neu aufstellen (▸ Kap. 3.8). Sie sind im Zeitalter der digitalen Information und Kommunikation mit ihren alten Strukturen und Wertekategorien überfordert, angemessene Dienstleistungen und Produkte anzubieten. Und das nicht zuletzt, weil sich die Medienformen dramatisch verändert haben. Der Sprung von der Handschrift zum gedruckten Werk war der bislang größte und folgenschwerste Paradigmenwechsel der Mediengeschichte, dessen Dimension und Konsequenzen man sich auch heute nach 500 Jahren kaum vorstellen kann (▸ Kap. 3.7).

Jedoch bedeuten die Digitalisierung und in ihrem Gefolge die Entstehung von Netzpublikationen und Netzinformationen in ihrem immanent liquiden Charakter die eigentliche Revolution beim Publizieren. Das liquide Dokument oder „liquid PDF“ ist die Inkarnation der digitalen Permanenz im ZdIK, und ein sich permanent veränderndes Dokument bedeutet das Ende der klassischen, festen Publikation.

Denn nichts scheint mehr stabil und berechenbar, sondern in konsequent dauernder Veränderung. Im Internet der Dinge sind physisch konkrete Objekte und Technikprodukte permanent mit dem Internet verbunden und kommunizieren miteinander; Haus- und Fahrzeugtechnik ebenso wie Sensoren im und am Körper mit Rettungsleitstellen und Ärzten, Angehörigen und Apotheken (►Kap. 3.9). Man kann es die totale Überwachung nennen oder eine großartige Möglichkeit, schnell, unkompliziert und unmittelbar Dinge zu verbinden, die zusammengehören.

Eine weitere Stufe auf dem Weg zur digitalen Permanenz nimmt das Thema Big Data (►Kap. 3.10). Durch die automatische Verarbeitung riesiger Datenmengen werden Antworten auf Fragen gegeben, die bisher gar nicht denkbar waren, und Zusammenhänge aufgedeckt, an die man nicht zu denken wagte. Voraussetzung dafür sind nicht nur riesige Datenmengen als Grundlage, leistungsfähige Hardware und Rechenprogramme, die sogenannten Algorithmen, sondern auch die permanente Erfassung, Verfügbarkeit und Zugänglichkeit dieser Datenvielfalt.

All diese Beispiele zeigen, wie stark die pausenlose Gesellschaft durch die digitale Permanenz bereits Einzug gehalten hat in die Lebenswirklichkeit der allermeisten von uns und was wir in Zukunft von ihr noch zu erwarten oder aber zu befürchten haben.

## 3.1 Schluss mit dem Sendeschluss

*Ich hingegen bin zersplittert in die Zeiten,*
*deren Zusammenhang ich nicht kenne.*
*Meine Gedanken, die innersten Eingeweide*
*meiner Seele, werden zerfetzt*
*vom Aufruhr der Mannigfaltigkeit.*

Augustinus (1)

Irgendwann ist Schluss. Schluss mit dem Spielen, Schluss mit dem Essen, Schluss mit der Arbeit. Dieser Satz, der ein banaler Grundsatz für alles Endliche war, scheint heute nicht mehr zu gelten. „Irgendwann ist Schluss“ ist ein Satz aus der alten, analogen Welt, die heute immer weniger verstanden wird. Sinn- und bildtragend ist dieser Satz im Testbild des Fernsehens der alten Tage geworden. Dort gab es noch einen Sendeschluss, und danach stand das Testbild so lange auf der Mattscheibe, bis das Programm am nächsten Abend, am nächsten Nachmittag und zuletzt am nächsten Morgen wieder begann.

Noch war die Masse möglicher Sendeinhalte zu gering, um ein 24-Stunden-Programm anzubieten. Die Sendezeit war begrenzt, sie hatte einen Anfang und ein Ende, offenbar Kennzeichen einer alten analogen (Fernseh-)Welt.

Der Sendeschluss in der Nacht war aber weit mehr als einfach nur das Ende des Fernsehprogramms, er war Teil der Strukturierung des täglichen Lebens und der Abendgestaltung. Der Sendeschluss markierte Anfang und Ende des Medientages und limitierte von außen den Umfang der Mediennutzung. Der Sendeschluss gab den Takt vor, an den man sich zu halten hatte, gab dem Tagesablauf der Mediennutzung seinen Rhythmus, war verlässlich und unabänderlich.

In Deutschland begann das Fernsehprogramm nach dem Zweiten Weltkrieg in den 1950er-Jahren und umfasste zunächst nur wenige Stunden Sendezeit. Erst allmählich weiteten sich die Sendezeiten aus, und der Umfang des Programms nahm zu. Aber noch immer gab es den Sendeschluss, und er blieb bis zum Anfang der 1990er-Jahre. Erst danach begannen ARD und ZDF erstmals rund um die Uhr zu senden. Ein Youtube-Video zeigt den Sendeschluss der ARD vom 12.09.1993 (2).

Im Zuge der Erweiterung des Programmumfangs nahm die Anzahl der Sender langsam zu, bis dann im Jahre 1984 durch die Aufhebung des öffentlich-rechtlichen Monopols und die Einführung des dualen Rundfunksystems die Anzahl der Programme nahezu explodierte. Nun kamen private Rundfunk- und Fernsehanbieter auf, und zusammen mit der verfügbar gewordenen Satellitentechnik stieg auch die Zahl der verfüg- und empfangbaren Sender erheblich. Doch auch die privaten Fernsehanbieter machten bis in die 90er-Jahre regelmäßig Sendeschluss. So zeigt ein Filmausschnitt auf Youtube einen typischen Sendeschluss des Privatsenders RTL (3).

Heute existieren rund 15.000 Fernsehsender weltweit, tausende und abertausende davon senden rund um die Uhr. Ein distinktes Medium mit Anfang und Ende, mit Sendeschluss und Programmslot ist zu einem kontinuierlichen Informations- und Unterhaltungsstrom geworden.

Parallel dazu änderten sich die Sehgewohnheiten. War das Fernsehen ursprünglich noch ein konzentrierter, klarer Akt der Aufmerksamkeit, gar ein soziales oder familiäres Ereignis und Erlebnis, ist es heute weitgehend zu einem kontinuierlichen Hintergrundrauschen geworden, das – wenn überhaupt – nur ausschnittweise wahrgenommen wird.

Ob die regelmäßig stattfindenden statistischen Erhebungen des Fernsehkonsums noch relevant sind, kann bezweifelt werden, ist doch der Fernsehkonsum längst zu einem kontinuierlichen Begleitrauschen geworden – und das auch außerhalb des digitalen Kosmos.

Auch hier hat die Perspektive gewechselt: Aus klaren, distinkten Schritten, aus einer subjektiv klaren Entscheidung für eine Fernsehsendung ist die für eine Hintergrundberieselung geworden. Auch das Fernsehen ohne Sendeschluss, ohne Anfang und Ende, ist heute Träger und Vermittler einer pausenlosen Gesellschaft (► Abb. 3-1).

Hat die Abschaffung des Sendeschlusses schon eine kontur- und strukturlose Fernsehlandschaft hinterlassen,

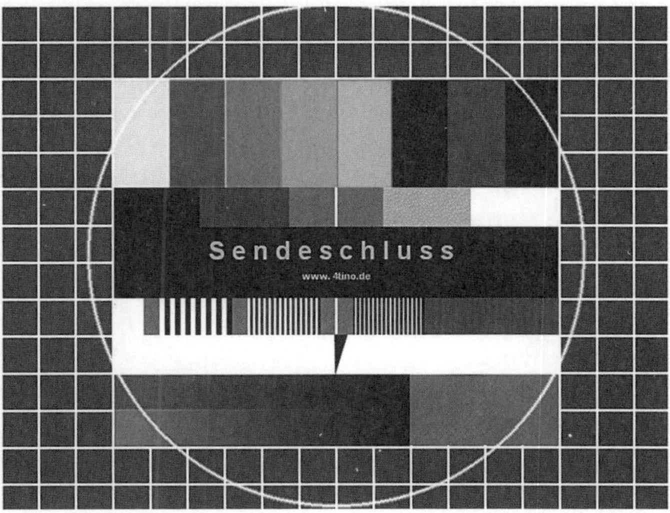


**Abb. 3-1** Wenn das Fernsehprogramm zu Ende war, wurde bis zum Sendebeginn am nächsten Tag nur das Fernsehtestbild ausgestrahlt (Quelle: http://4tino.de/media/Sendeschluss.jpg).

durch die sich nicht nur jedermann selbst „wühlen“ muss, sondern deren Zeitstruktur selbstständig wiederherzustellen ist, so ist der nächste Schritt digitaler Permanenz das programmlose Fernsehen. Fernsehsender (oder früher: Sendeanstalten) legen keine Abfolge von Sendungen mehr fest, es existiert kein „bestimmtes“ Programm mehr, das man anschaut und an dessen zeitliche Abfolge man gebunden wäre. Was bleibt, sind Kategorien, Sendeformate und konkrete Sendungen, aus denen der Zuschauer auswählt und sich so sein eigenes Programm zusammenstellt.

Zu jeder Zeit jedes beliebige Format und jede gewünschte Sendung: Das Fernsehen wird zur aktuellen Videothek mit freier Auswahl der Sendungen. Dies ist Fernsehen on demand. Damit existiert keine feste Abfolge mehr von Sendungen, und alles (eben alles, was der Sender anbietet) ist jederzeit nach individuellem Wunsch abrufbar.

Diese Art von „Bildschirminformation oder -unterhaltung“ entspricht nicht mehr der klassischen Vorstellung von Fernsehen. Es ist vielmehr eine Art Internetfernsehen geworden, deren Inhalte und Angebote man frei auswählen kann. Das Fernsehprogramm wird zum freien „Angebot“, und die Nachfrage des Zuschauers entscheidet, was er sieht. Nicht mehr der Programmchef des Senders entscheidet, was die Zuschauer am Fernsehabend zu sehen bekommen, sondern jeder einzelne von ihnen wird zu seinem eigenen Programmchef.

Seth Godin beschreibt in seinem Buch „We are all weird“ die Abkehr von der Massenbewegung und der Steuerung der Massen durch den Markt. Das Internet, so seine These, erlaubt uns allen, wieder persönlich Entscheidungen zu treffen und als Subjekt wieder autonom zu werden (4).

Wenn es aber weder Sendeschluss gibt noch eine feste Abfolge von Sendungen, dann wird die Strukturlosigkeit zum einzigen Programm, das noch übrig bleibt. Jegliche fremde Rhythmik ist verschwunden, alles ist „allzeit bereit“ und wird dem Kunden (gegen Bezahlung) zur Verfügung gestellt. Wenn jeder sein eigenes Programm zusammenstellen kann, ist das in der Tat eine gewisse Freiheit. Die Kehrseite der Freiheit ist immer schon Verantwortung, und das bedeutet hier die Realisierung einer notwendigen Sekundärstrukturierung. Diese ist erforderlich geworden, nachdem der Fernsehzuschauer, jetzt kein (passiver) Zuschauer mehr, sein eigener Programmchef geworden ist, und: Ein Programmchef muss auswählen, er muss sich überlegen, welche Sendung zu welcher Zeit passt, wer unter welchen Umständen wo was sehen möchte. Entsprechend muss der nun vom passiven Zuschauen und Konsumieren befreite Fern-Seher als aktiver Fernsehproduzent zunächst seine eigenen Entscheidungen treffen und die Struktur festlegen, was er in welcher Reihengfolge sehen möchte. Damit strukturiert er sich seinen Fernsehabend (oder doch längst den Fernsehtag) selbst und überzieht die von einer Außenkategorisierung befreite Fernsehwelt einer eigenen, individuellen Kategorisierung, die er aber leisten muss.

TV on demand kommt nicht mehr von selbst ins Haus oder ins Leben, es muss geholt werden. Aus einer Push-Technologie, einer Medienform, die aktiv von sich aus ins Leben und in die Aufmerksamkeit des Menschen trifft, ist eine Pull-Technologie geworden, also eine Technologie, deren Nutzung ein eigenes, aktives Abrufen erfordert.

*„Die zeitliche Deregulierung und Ent-Institutionalisierung zahlreicher Handlungsfelder in der spätmodernen Gesellschaft erhöht indessen massiv den Planungsaufwand und damit den Zeitbedarf für die Koordination und Synchroni-*

*sation der alltäglichen Handlungssequenzen. Die Preisgabe kollektiver Rhythmen und Zeitstrukturen hat zur Folge, dass Tages-, Wochen- und Jahresabläufe nicht mehr selbstverständlich vorstrukturiert sind, sondern immer wieder von Neuem und in Abstimmung mit den Kooperationspartnern geplant und ausgehandelt werden müssen. (...) Die durch derlei (zeitaufwändige) Entscheidungs- und Planungsprozesse verursachte Mehrbelastung verdeutlicht, (...) dass nämlich soziale Institutionen eine wichtige Entlastungsfunktion besitzen." (5)*

Die digitale Permanenz ermöglicht selbst gewählte Fernsehinhalte und Freiheit von vorgegebenen Sendezeiten. Sie erfordert aber nicht nur einen mündigen Zuschauer, sondern auch die Notwendigkeit und Fähigkeit einer sekundären Strukturierung von Inhalten und deren Abfolge.

## 3.2 Die hochfrequente Zeitung

Die Zeitung ist nicht mehr länger morgens im Briefkasten oder pünktlich am Kiosk. Sie ist immer schon da und allzeit präsent. Die Permanenz der Druckmedien mutet dabei seltsam an. Dabei war die Zeitung einst so klar strukturiert und gegliedert: Sie erscheint täglich, kommt über Nacht in den Vertrieb, liegt frühmorgens zum Verkauf oder im Briefkasten und berichtet über die Dinge des vergangenen Tages. Die Optimierung der Produktionstechnik einerseits und die der Logistik andererseits haben es im Laufe der vergangenen Jahrzehnte möglich gemacht, dass der Redaktionsschluss einer Tageszeitung immer weiter in den späten Abend, ja sogar bis in die Nacht ausgedehnt werden konnte. Die letzte redaktionelle Änderung und die letzten Neuigkeiten kamen dann noch kurz vor Mitternacht ins Blatt, dann wurde die Zeitung gedruckt, verpackt und in alle Welt an die Zusteller verschickt. Am frühen Morgen war sie dann im Briefkasten, im Kiosk und in den Bahnhofsläden zu finden.

Durch Optimierung von Produktionstechnik und Logistik war dann zwar noch die eine oder andere Minute herauszuholen, prinzipiell aber musste irgendwann in der Nacht einmal Schluss sein, nämlich Redaktionsschluss.

Auch bei der Zeitung gab es einmal einen Schluss, gab es Anfang und Ende. Fernsehen wie Zeitung, beides ursprünglich analoge Medien, besaßen einen definierten Endpunkt: Sendeschluss und Redaktionsschluss. Wie wir bereits gesehen haben, wurde beim Fernsehen der Sendeschluss noch zu Zeiten der analogen Welt abgeschafft. Im Unterschied dazu brauchte es für die Abschaffung des Redaktionsschlusses der Zeitung das ZdIK.

Die Zeitungsbranche befindet sich heute in einem gewaltigen Umbruch. Der betrifft nicht nur die Inhalte, die digitale Herstellung und die unvermeidliche Webpräsenz, sondern die gesamte wirtschaftliche Basis der Zeitungsunternehmen.

Im November 2012 hat die traditionsreiche „Frankfurter Rundschau" ihr Erscheinen eingestellt (6) und nur mithilfe der F. A. Z. und ihres Verlags später wieder den Betrieb aufgenommen; wenige Wochen später erklärt sich die „Financial Times Deutschland" für insolvent (7). Der Axel-Springer-Verlag trennte sich im Juli 2013 von einer Reihe seiner Traditionsprodukte wie Regional- und Fernsehzeitungen und verkaufte sie für mehr als 900 Millionen Euro an die Funke Mediengruppe, um sich ganz dem digitalen Umbau des Unternehmens zu widmen (8). Es geht also rund in der Zeitungsbranche, und das hat insbesondere mit der digitalen Revolution zu tun.

Zeitungen sind Medien, die den Leser mit Informationen und Nachrichten versorgen. Längst jedoch ist der moderne Mensch im ZdIK nicht mehr allein auf diese Quellen angewiesen. Neben dem inzwischen permanent sendenden Fernsehen und Radio gibt es seit Entstehung des World Wide Web (WWW) das Internet mit digitaler Permanenz als immer wichtigerem Wettbewerber auf dem Markt um Information und Kommunikation. Offensichtlich spielt bei der aktuellen Krise der Zeitungsbranche das Thema der digitalen Permanenz eine entscheidende Rolle.

Im Internet-Zeitalter und seiner pausenlos verfügbaren Angebote ist die Welt der Zeitung mit ihrer klaren (zeitlichen und medialen) Strukturierung und festgelegten Erscheinungsfrequenz den Menschen genauso wenig zu vermitteln wie das allabendlich festgelegte Fernsehprogramm. Deshalb war es nur logisch, dass die Zeitungsbranche den Schritt in die digitale Welt vollzog und die Zeitung ins digitale Medium transferiert hat. Die digitale Zeitung mit Webpräsenz war geboren. Doch zu lange war die elektronische Zeitung nur die digitale Blaupause der gedruckten Ausgabe. Bereits im Buchgeschäft hatte es sich gezeigt, dass die einfache Übertragung eines analogen Produkts in die digitale Welt weder sinnvoll noch erfolgreich ist, ignoriert dieser Schritt doch die systemimmanenten Möglichkeiten (und Grenzen) des Internets. Ein für die Druckwelt produziertes (und seit 500 Jahren optimiertes) Buch oder eine analoge Zeitung im Internet zu lesen macht keine Freude. Das Produkt Zeitung musste sich also als digitales Medium neu erfinden, damit es Akzeptanz und wirtschaftlichen Erfolg haben konnte.

Nur ganz wenigen Zeitungen ist dies bis heute gelungen. Die allermeisten Medienhäuser produzieren ihre Zeitung (gedruckt) weiter, stellen Ausschnitte „irgendwie“ ins

Netz und haben parallel dazu einen eigenen „Infokanal“ im Netz eröffnet. Damit war die Webpräsenz der Zeitungen geboren und das ursprüngliche Wesen der Zeitung gestorben (►Abb. 3-2).

Zugleich verschwand damit auch die klare Struktur einer Regelmäßigkeit. Redaktionsschluss und Erscheinungsdatum waren sinnlose Termini, und gleichzeitig war so etwas wie eine Zeitungspermanenz entstanden, ein in sich widersprüchlicher Begriff.

Was zunächst ein kluger Schritt zu sein schien, erwies sich dann als Todesurteil für das klassische Medium. Ein Informationskanal im Internet muss nicht mehr Zeitung heißen und sollte schon gar nicht wie eine aussehen. Nach den Regeln, Strukturen und Kategorien der analogen Print-

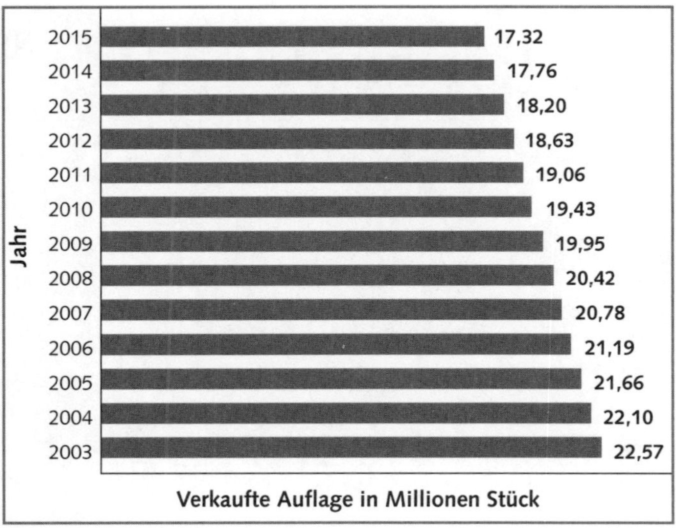


**Abb. 3-2** Die Zahl der verkauften Tageszeitungen in Deutschland sinkt beständig (Quelle: PWC).

Zeit haben die Medienhäuser eine „Internetzeitung“ geschaffen und dabei die eigentlichen Möglichkeiten der Netztechnik ignoriert.

Erst seit 1–2 Jahren existieren einige wenige gut gemachte Zeitungen, die als elektronische Versionen erscheinen und über die etablierten mobilen Endgeräte, wie Smartphones und Tablet-PCs, genutzt werden können. Längst jedoch ist bei dieser Form des ePapers die klassische Frequenzstruktur der Zeitung nicht mehr vorhanden. Aktualisierungen erfolgen in unregelmäßigen Abständen, die neue Ausgabe des Folgetages erscheint bereits um 20 Uhr des Vortages. Niemand mehr weiß, ob er die gerade aktuellste Version liest oder vielleicht in wenigen Minuten ein neues Update erscheint (► Abb. 3-3).

Neue Ausgabe laden

DIE WELT

MITTWOCH, 15. JANUAR 2014

BERLIN 4° 2°

Menü

TICKER

**Preisentwicklung**

Vorboten der Deflation erreichen Europa

Von Tobias Kaiser

Zum ersten Mal seit Jahren sind die Preise im deutschen Großhandel gefallen. Experten horchen auf: Sie halten eine Deflation für das größere ökonomische Risiko als eine Hyperinflation. Es gibt Daten, die von den Mitarbeitern des Statistischen Bundesamtes mit hohem Aufwand gesammelt, berechnet und veröffentlich werden – und von der Öffentlichkeit doch kaum wahrgenommen werden. So ist es etwa mit den Großhandelspreisen. Die Märkte reagieren ...

**Biblis-Abschaltung**

Deutschlands Atomausstieg fehlt die Rechtsgrundlage

Von Daniel Wetzel

Erfolg für RWE: Das Bundesverwaltungsgericht hat die ...

**Pressekonferenz**

Hollands schmerzvolle Momente

Mit Entlastungen für Unternehmen in Milliardenhöhe will Frankreichs Präsident François Hollande der lahmenden Wirtschaft des Landes auf die Sprünge helfen. Hollande stellte am Dienstag bei einer mit Spannung erwarteten Pressekonferenz in ...

BILDER DES TAGES

**Abb. 3-3** So sieht eine zeitgemäß gemachte Ausgabe einer Tageszeitung für einen Tablet-PC aus.

Mit dieser Art des ePapers hechelt die Zeitung einer digitalen Permanenz hinterher, ohne ihr wirklich gerecht zu werden. Ganz offensichtlich wird bei den Zeitungsmachern noch immer ein elektronisches Medium nach den Grundsätzen des Druckzeitalters erstellt. Man schafft sich damit einen „Zwitter", ein Medium aus alter Zeit, scheinbar angepasst an die digitale Welt, ohne jedoch deren systemimmanente Strukturen richtig und vollständig zu nutzen. Eine „Zeitung" im Internet ist ein Medium, das nicht recht passen will in die digitale Permanenz des ZdIK.

Auch hier gilt: Distinkte, klare Abgrenzungen und Schritte in der Aktualisierung und das verlässliche Informations-Update durch die Tageszeitung an jedem Morgen weichen einer unklaren und offensichtlich hohen Aktualisierungsfrequenz durch die ubiquitäre und dauerhafte Internetpräsenz. Erneut vollzieht sich die Auflösung des Distinkten hin zum Kontinuum, und wieder führt die Aufhebung vom definierten Anfang und Ende zur pausenlosen Gesellschaft.

Ob der Mensch und seine Wahrnehmung einer Daueraktualisierung noch folgen können, ist unklar. Es scheint allerdings, dass unsere Hirnstrukturen weitaus besser mit klar definierten Marksteinen oder zumindest Strukturleitplanken arbeiten können als im unstrukturierten Kontinuum. Hirnphysiologen und Psychologen werden zu klären haben, ob wir tatsächlich unsere Aufmerksamkeit im Kontinuum verschwenden, welche Strategien wir bewusst oder unbewusst nutzen im Umgang mit einem kontinuierlichen Informations- und Medienstrom und ob unsere Kinder und Enkel mit dem Phänomen der digitalen Permanenz besser als wir werden umgehen können.

Einstweilen müssen wir noch bewusst und aktiv für uns selbst entscheiden, wie oft wir nach einem Update suchen und welche Sekundärstrukturierung wir vornehmen, um uns in der pausenlosen Gesellschaft des ZdIK orientieren zu können.

## 3.3 Ticker – Newsticker – Liveticker

*Die Zeitungen sind der Sekundenzeiger der Geschichte. Derselbe aber ist meistens nicht nur von unedlerem Metalle als die beiden anderen, sondern geht auch selten richtig.*

Arthur Schopenhauer (9)

Für den Philosophen Arthur Schopenhauer waren die Zeitungen im 19. Jahrhundert der Sekundenzeiger der Geschichte. Viel zu schnelllebig waren ihm deren Inhalte und nicht nur ungenau, sondern auch unrichtig. Und tatsächlich: Was ist denn schon die Zeitung von gestern, wenn in der Zeit, in der ich sie lesen kann, bereits die neue produziert wird. Das ZdIK ist gekennzeichnet von einer Präsenzerwartung, die eine klassische Zeitung nicht mehr leisten kann. Der nächste Schritt, der in der digitalen Welt auf die Zeitung folgt, ist die immer aktuelle Online-Information. Diese muss nicht mehr Zeitung heißen, sondern nennt sich Newsticker, Liveticker, Blog, Twitter, Livestream etc. Im Kapitel „Die hochfrequente Zeitung" (▸Kap. 3.2) sind die Auswirkungen der digitalen Permanenz auf die Zeitung und den Zeitungsmarkt ausführlich erläutert worden.

Im 19. Jahrhundert war noch das Präfix „schnell-" kulturbestimmend und Kennzeichen für eine beschleunigte Industriegesellschaft, die solche Begriffe wie Schnellpost, Schnellbleiche und Schnellpresse schuf (10). Mit dem Beginn des digitalen Massenzeitalters ist offenbar das Präfix „News-" konstituierend geworden. Newsportale, Newsticker, Newsletter, Newsgroup oder Newsfeed sind nur einige Beispiele dafür, wie die „Neuigkeit“ als digitale Permanenz verstanden und eingesetzt wird.

Die digitale Permanenz ist heute geräuschlos, genau wie der digitale Newsticker. Aber das war nicht immer so. Wer sich heute einen Newsticker in seinem Internetbrowser oder innerhalb seines Facebook Accounts abonniert, bekommt keine Signale mehr zu hören. Und doch nutzt er im Prinzip eine Technik, deren Existenz auf die vordigitale Welt zurückgeht.

Die klassischen Ticker stammen aus den Zeiten des Fernschreibers. Das waren Informationen, die über analoge Telefonleitungen zwischen 1930 und 1990 übertragen und am Ausgabegerät Buchstabe für Buchstabe mit einem tickenden und klackernden Geräusch auf das Papier produziert wurden. Der Fernschreiber war der Vorläufer des Fax-Systems und in allen Nachrichtenagenturen und Zeitungsredaktionen verbreitet, ehe er auch in den Bereich der restlichen Lebenswelten von Firmen, Vereinen, Behörden, selten aber bei Privatleuten Einzug gehalten hat.

Das Fernschreibersystem war über lange Jahrzehnte das einzige schriftliche Telegrafie-Übertragungssystem. Es erlebte deshalb eine lange Blüte, und wurde erst mit den aufkommenden Fax-Geräten (Bildtelegrafie) Ende der 70er-Jahre des 20. Jahrhunderts und später durch den massenhaften Einsatz von Computern und deren Vernetzung ersetzt.

Das tickende Geräusch der Ausgabegeräte, die – ähnlich einer elektrischen Schreibmaschine – Buchstabe für Buchstabe auf das Papier produzierten, prägten den Namen für diese elektrische Schnellinformation: Ticker.

Heute tickt der Ticker nicht mehr und heißt in den meisten Fällen auch Newsticker oder Liveticker. Womit wir wieder in der Welt der digitalen Permanenz angelangt sind (►Abb. 3-4).

Der Begriff hat sich deshalb erhalten, weil er lange Jahre der Inbegriff der aktuellen Information war. Heute werden aktuelle Nachrichteninformationen oder Schlagzeilen als Newticker oder Liveticker angeboten und sind im Internet abruf- und verfügbar.

Der Schritt vom (analogen) Fernschreiber zum (digitalen) Newsticker ist nicht nur ein Übergang von der analogen zur digitalen Technik, sondern auch von der distinkten zur kontinuierlichen Welt. Der Fernschreiber brachte Nachrichten in distinkten Schritten, die nach dem Absenden auf das Ausgabegerät übertragen und „geschrieben" (ausgedruckt) wurden.

**Abb. 3-4** Da, wo Informationen zusammenkommen und gebraucht werden, ist die Echtzeit-Verfügbarkeit heute Standard.

Der digitale Newsticker ist ein kontinuierliches Medium, dessen Aktualisierung unbestimmt und kontinuierlich abläuft, Liveticker sind hingegen Live-Berichterstattungssysteme, die zunächst vornehmlich bei Sportveranstaltungen eingesetzt wurden, aber zunehmend auch bei Nachrichten oder anderen Veranstaltungen zu finden sind. So ist die Erstellung eines eigenen Livetickers für die Berichterstattung von den verschiedensten Ereignissen jedermann inzwischen leicht möglich und erfordert nur noch die üblichen IT-Anwenderkenntnisse.

Beim Übergang vom Newsticker, der in gewissen, aber nicht immer bestimmten Abständen über den Fortgang der Ereignisse berichtet, zum Liveticker sind wir endgültig in der Welt der digitalen Permanenz angelangt. Ist der Newsticker zwar schon ein Kind der digitalen Permanenzwelt, so ist der Liveticker in dieser Welt noch ein wenig mehr zu Hause.

Die zeitversetzte Berichterstattung eines Newstickers wird optimiert im kontinuierlichen Liveticker. Doch auch dieser hat noch distinkte Momente, und so ist erst die permanente kontinuierliche Live-Berichterstattung durch eine zeitgleiche Audio- und Videoübertragung die endgültige Umsetzung der digitalen Permanenz.

Die Livecam oder der Livestream ist die permanente Dauerübertragung von Ereignissen (und zunehmend auch von Nicht-Ereignissen) jeglicher Art und ersetzt Stück für Stück die Berichterstattung in Form von News- und Livetickern. Und hat auch als Videoübertragung eine neue Qualität.

Doch das ist schon wieder eine andere Story …

Newsticker, Liveticker, Blog und Twitter sind Medien der digitalen Welt, die in der Lage sind, Informationen und Ereignisse in einem Realtime-Verhältnis zu transportieren. Und das genau erwarten nicht nur die Digital Natives, das erwartet inzwischen auch der Rest des Marktes. Damit sind die Online-Realtime-Informationen zu einem Wettbewerbsargument im ehemaligen Zeitungsmarkt geworden. Allerdings existiert ein großer Unterschied zwischen all den neuen Online-Realtime-Medien einerseits und den klassischen Medien, etwa der gedruckten Zeitung, andererseits: Die Zeit für die Erstellung, Produktion und Verbreitung einer Zeitung erlaubt Journalisten und Redaktionen meist eine mehr oder weniger tiefe Beschäftigung mit den Inhalten und der (seriösen) Quellenrecherche. Damit kann bei Realtime-Informationen nun niemand mehr dienen. Was in Realtime gepostet, gebloggt oder getwittert wird, ist eben „realtime" und damit ohne Abstand und ohne tieferes Durchdenken entstanden. Das „In-Bezug-Setzen" von Inhalten in den Kontext von anderen und/oder früheren Informationen und Inhalten kann nicht mehr geleistet werden. Der Preis für die Realtime-Berichterstattung wie auch für Video- und Audio-Livestreams, die mit absoluter Aktualität (Realtime ist die höchstmögliche Stufe von Aktualität) punkten können, ist der Verlust der Verzögerung, des Innehaltens, des (wenn auch nur kurzen) Reflektierens.

Schon bei den (ursprünglich) als schnelllebig gescholtenen Zeitungen war eine der Hauptkritiken die mangelnde Tiefe der Auseinandersetzung mit den Inhalten. Bei aktuellen Online-Informationen stellt sich die Frage, ob sie überhaupt Einblicke und Überblicke schaffen (können). Eher weniger, ist zu vermuten, und das ist dann der Preis, der für Realtime-Verfügbarkeit zu zahlen ist. Im ZdIK ist man aber eher bereit, diesen Preis zu zahlen als auf die Unmittelbarkeit von Realtime-Informationen zu verzichten.

Wenn Zeitungen für Schopenhauer schon die ungenauen und selten richtig gehenden Sekundenzeiger der Geschichte waren, dann hätte es ihm bei den Online-Informationen des 21. Jahrhunderts sicher die Sprache verschlagen (► Abb. 3-5).

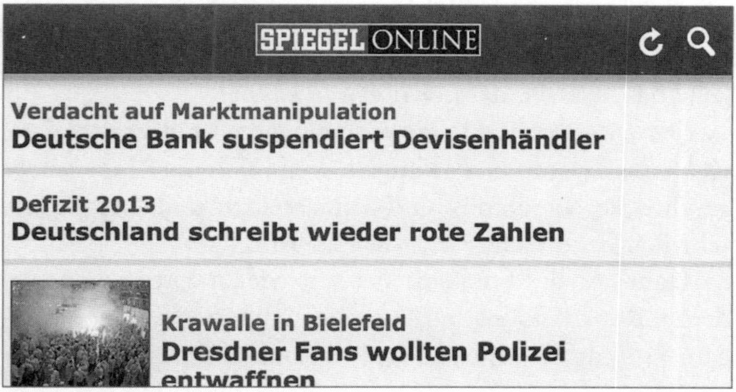


**Abb. 3-5** Nachrichtenportale wie „Spiegel-Online“ aktualisieren ihre Inhalte permanent.

## 3.4 Hilfe, wo sind unsere Kinder?

Es gab eine Zeit, da war das heute schon fast antiquierte Telefon ein Instrument, das im Wesentlichen dazu genutzt wurde, um Notfälle zu melden, Hilfe zu holen oder bestenfalls eine Geburts- oder Todesnachricht zu übermitteln. In dieser Zeit haben Eltern ihre Kinder zum Spielen in den Wald, auf die Straße, zu Freunden oder in einen anderen Stadtteil gehen lassen und mit ihnen abgesprochen, wie lange sie bleiben durften und wann sie zurückzukommen hatten. Das alles war auch ohne Telefon möglich und gelang erstaunlich gut. War das Kind zur vereinbarten Zeit nicht zurück, begann man sich erst langsam, dann ein wenig mehr Sorgen zu machen. Aber solange kein Anruf kam, war nichts passiert. Die Kinder hatten beim Spielen die Zeit vergessen, es war etwas Spannendes aufgetaucht, oder man war mit den Freunden weiter gelaufen als geplant. Die Kinder kamen also zurück, und nur wenn es allzu lange dauerte, machte man sich auf die Suche, schaute bei Freunden vorbei oder fragte die Nachbarn. Im schlimmsten Fall klingelte das Telefon, dann war etwas passiert.

Diese Zeiten sind lange vorbei. Heute ist etwas passiert, wenn das Telefon *nicht* klingelt, wenn sich die Kinder *nicht* regelmäßig per Handy und SMS melden und ihre Unversehrtheit bekunden.

Dabei ist die Frequenz der von vielen Eltern eingeforderten Rückmeldung im Laufe der Jahre permanent gestiegen. Die alte elterliche Praxis „Keine Nachricht ist eine gute Nachricht" hat sich längst in ihr Gegenteil verkehrt. Klare, distinkte Schritte waren es, die verabredet wurden und an die man sich auch meistens hielt: „Um 7 bist du wieder zurück", „Du kommst nach Hause, wenn es dunkel wird", „In zwei Stunden seid ihr wieder hier". Diese Absprachen hatten einen Anfang und ein Ende, sie waren von einer klaren (zeitlichen) Gliederung geprägt. Zwischen Anfang und Ende waren die Kinder allein verantwortlich für sich und ihre Freunde, und die Eltern konnten sich in der Zwischenzeit auf etwas anderes konzentrieren. So war Erziehung angelegt auf die Umsetzung von Selbstverantwortung, die die Kinder schrittweise und im überschaubaren Zeit- und Verantwortungsrahmen entwickeln lernten. Der Psychologe Wilhelm Schmid beschreibt dies so:

> *„Um das ins Auge gefasste Ziel der Erziehung, die Befähigung zur Freiheit und Lebenskunst, zum Umgang mit sich und anderen zu erreichen, bedarf es einer Selbstmächtigkeit auch auf der Seite der Kinder und Heranwachsenden: Erziehung ist Ermächtigung." (11)*

Die pausenlose Überwachung beginnt ganz analog in der Krabbelstube und endet nicht an der digitalen Schranke:

Die technischen Möglichkeiten der Überwachung lassen die digitale Permanenz der Helicopter-Parents aber ganz neue Wege gehen.

Möglich gemacht hat dies erst die rasante Entwicklung der Telekommunikation in den 1990er-Jahren. Die deutschlandweite Einführung der digitalen Telekommunikationstechnik ISDN bildete 1993 eine erste Basis, auf der später die mobile Telefonie realisiert werden konnte. Die Deutsche Telekom führte dazu das D-Netz ein, der erste private Anbieter auf dem Telekommunikationsmarkt Mannesmann das D2-Netz. Erst damit konnte sich ein bezahlbarer Massenmarkt entwickeln. 1995 gab es bereits 3,7 Millionen Mobilfunknutzer, im Jahr 2004 schon über 71 Millionen.

Im Jahr 1991 entwickelte Sony das Global Positioning System (GPS) als Anwendung für mobiles Telefonieren und schuf damit endgültig die Basis für ein System der Geoortung in der mobilen Telefonie (12). 2002 gibt es bereits weltweit mehr als eine Milliarde Mobiltelefone, allein in Deutschland werden jährlich 36 Milliarden SMS verschickt.

Die erste Flatrate für das Internet im Jahr 2000 durch ARCOR und ein Jahr später für den Mobilfunk als Handy-Flatrate durch O2 waren die endgültigen Türöffner für eine digitale Permanenz auf Basis von Mobilfunkapplikationen.

Aus dem Ziel der Selbstermächtigung der Kinder und der klaren Struktur ihrer Erziehung ist heute vielfach die permanente Überwachung auf Basis der allgegenwärtigen Mobilfunktechnik geworden. Längst gibt es die kontinuierliche Handyüberwachung und -ortung, die es Eltern ermöglicht, pausenlos und permanent zu überwachen und zu kontrollieren, wo ihre Lieblinge gerade sind. Die digitale Permanenz hat auch die Kindererziehung längst im Griff.

Die Möglichkeit der pausenlosen Überwachung bringt für die Eltern aber ein neues Dilemma: Wie oft soll ich nachfragen? Wie oft die Position des Kindes aktualisieren? Wie oft die räumliche Veränderung checken? Soll ich den Bildschirm ständig bei mir tragen, um in jeder Minute zu wissen, wo sich das Kind aufhält? Reicht ein Blick auf die digitale Karte doch nur alle 30 Minuten? Was bedeutet denn die plötzliche Positionsveränderung meines Kindes? Verlässt es den Spielplatz Richtung Wald? Freiwillig mit den Freunden – oder wird es gerade entführt? Soll ich vielleicht kurz anrufen und fragen, ob alles in Ordnung ist?

Wer permanent wissen kann, wo sein Kind ist, muss für sich selbst entscheiden, wann er es wissen möchte und wie oft und wie detailliert. Erneut braucht es für sinnvolle Handlungen und Entscheidungen nachträgliche Sekundärstrukturierungen.

Es ist unmöglich, „permanent" zu wissen, wo das Kind ist, und seinen Standort zu bestimmen. Der Begriff „Helicopter-Parents", der Eltern bezeichnet, die ihre Kinder überbehüten, erhält vor diesem Hintergrund eine ganz neue Dimension (13): Helicopter-Parents sind immer da und möchten immer alles kontrollieren. Die permanente Verfügbarkeit des Zugriffs auf ihre Kinder macht sie allzeit bereit im ZdIK.

Dabei fragt die „Süddeutsche Zeitung" berechtigterweise nach:

> *„Dient es dem Wohl des Kindes, wenn man es auf Schritt und Tritt überwacht? Wenn man es jederzeit per GPS orten kann? Dient es dem Wohl des Kindes, wenn man ihm eine Uhr ans Gelenk bindet, mit deren Hilfe Eltern Tag und Nacht feststellen können, wo es gerade steckt? Es gibt Jacken und Schuhe mit kleinen Peilsendern, die sich programmieren*

*lassen und Alarm auf dem Rechner der Eltern schlagen, wenn die Kinder einprogrammierte Wege und Zonen verlassen. Solche Handys gibt es natürlich auch, sogar solche, mit denen sich Gespräche der Kinder mithören lassen. Die Sicherheitsindustrie verkauft den Eltern die Technik, die sie für Straftäter entwickelt hat. Das kann man Synergie nennen: Die elektronische Fußfessel wird potenziellen Gefährdern angelegt. Die elterliche Handyfessel wird den Kindern angelegt, um sie vor potenziellen Gefährdern zu schützen. Das Maß der subjektiv empfundenen Unfreiheit könnte vergleichbar sein." (14)*

„Wer sendet, sündigt nicht", titelte die F. A. Z. und berichtete von der elektronischen Fußfessel an amerikanischen Schulen. Was aber gegen Schulschwänzer gedacht war, verkehrt sich ins Gegenteil, wenn die digitalen Daten in falsche Hände gelangen. Was als Schutz gedacht war, gerät leicht zur Gefahr (15). Dabei reichen die katastrophalen Folgen von Helikoptererziehung bis in die Studienzeit von jungen Leuten hinein, wie „DIE ZEIT" unter dem Titel „Reifeprüfung: Jetzt noch nicht" berichtet (16).

Wer von dieser Form der digitalen Permanenz den größeren Nutzen und möglicherweise einen größeren Schaden hat, ist schwer abzuschätzen. Für die überwachten Kinder ist es ein Verlust an Freiheit und Vertrauen, das man nicht mehr in sie setzt und das man im ZdIK nicht mehr in sie setzen braucht. Sie verlieren Eigen- und Selbstständigkeit sowie Verantwortung gegenüber ihrem eigenen Handeln, werden sie doch permanent überwacht und beaufsichtigt. Sie erhalten dafür das zweifelhafte Gefühl einer Pseudo-Sicherheit, die sie eigentlich nicht benötigen.

Die Eltern hingegen berauben sich selbst ihres Vertrauens in ihren Nachwuchs und vernachlässigen die Einübung verlässlicher Absprachen. Dafür machen sie sich selbst zum Sklaven einer digitalen Permanenz in einer pausenlosen Gesellschaft.

Allerdings muss man feststellen, dass die totale räumliche Überwachung mittels Mobilfunktechnologie und GPS, also die Geolokalisierung, immer weniger als Problem wahrgenommen wird (▸Abb. 3-6). Im Gegenteil: Eine neue Freizeitbeschäftigung ist gerade das Geotracking geworden.

> *„Sie bewegen sich gerne an der frischen Luft? Sie wandern, brauchen aber ein Ziel? Dann ist die moderne Art der*

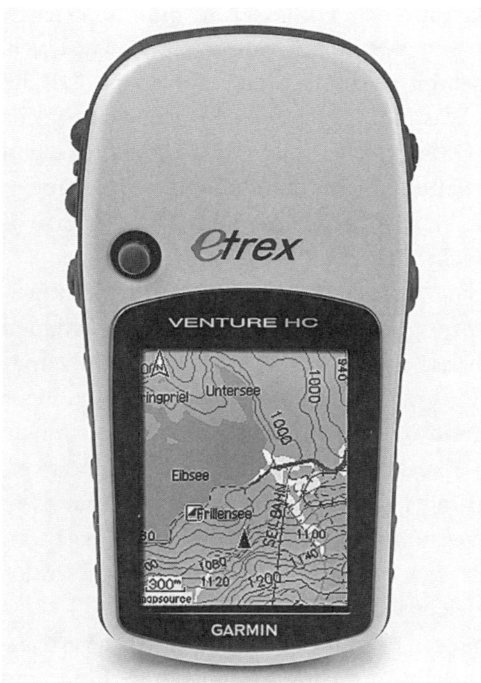


**Abb. 3-6** Mit diesen unscheinbaren Geräten lassen sich alle Wege und Positionen jederzeit aufzeichnen und nachvollziehen.

*Schatzsuche das Richtige für Sie! Geotracking oder auch Geocaching funktioniert mit GPS und motiviert Sie, sich zu bewegen." (17)*

Ein Großteil der Outdoor-Aktiven nutzt mobile Technologien, um sich permanent freiwillig geotaggen zu lassen. Das bedeutet: Sie lassen es zu, dass ihre Bewegungen durch den Raum aufgezeichnet und georeferenziert, also geographischen Punkten und Räumen zugeordnet werden. Unzählige Menschen lassen heute ihre Joggingstrecke über Apps wie „Runtastic“ oder „Runkeeper“ aufzeichnen und an Freunde senden, ihren Fahrradparcours tracken („Cyclemeter GPS“ oder „Maps 3D“), um später die Leistungsdaten vergleichen zu können (▸Abb. 3-7). Selbst der sonntägliche Spaziergang wird aufgezeichnet, um später nachvollziehen zu können,

**Abb. 3-7** Nicht nur „Quantified-Self"-Anhänger erheben permanent eigene Performance-Daten, die gespeichert, verglichen und mit der Community auch öffentlich geteilt werden.

wohin man spazieren war. Die pausenlose Aufzeichnung von Bewegungsmustern ist längst zu einem strukturellen Kennzeichen des ZdIK geworden, so wie die beginnende (filmische) Aufzeichnung aller Autofahrten für einen möglichen späteren Nachweis von Unfallhergängen über Actionkameras an der Frontscheibe der Fahrzeuge. Aber anders als in vielen Science-Fiction-Vorstellungen ist das keine Vorgabe eines bösen Überwachungsstaates, sondern eine freiwillige Verwendung von Digitaltechnologie in der pausenlosen Gesellschaft.

Die Überwachung der Kinder ist deshalb nur eine logische Konsequenz einer Tendenz zur permanenten Aufzeichnung und Nachverfolgung von Bewegungsmustern, die sich täglich verstärkt. Sie wird in eine Komplettüberwachung münden, wenn das Internet der Dinge den Menschen mit Mikrosensoren so weit ausgestattet haben wird, dass er die Aufzeichnung und die Zusammenführung all seiner physischen „Lebensäußerungen" gar nicht bemerkt und somit auch nicht als Überwachung empfinden wird.

Die wachsende Gemeinschaft der „Quantified-Self"-Anhänger (18), die weite Teile ihres täglichen Lebens aller Bereiche messen und automatisch aufzeichnen lassen, machen sich diese Art der Permanenz freiwillig zum Programm. Ob der dabei entstehende Nutzen als zweifelhaft eingestuft wird oder aber als sinnvolle Hilfe für Lebensführung, -planung und -gesundheit zu deuten ist, muss jeder selbst entscheiden – solange er dazu noch in der Lage ist.

## 3.5 Alles Facebook oder was?

Die Lebenswelt der meisten jungen Menschen ist digital, ihre Lebensrealität ist gekennzeichnet und geprägt von einer digitalen Umgebung. Sie organisieren und kommunizieren ihr Privatleben wie Beruf, Studium oder Schule im digitalen Raum mit mobilen Endgeräten und einer ubiquitären Netzverfügbarkeit. Und sie müssen den virtuellen Raum kaum mehr verlassen (19).

Menschen dieser Prägung werden als „Digital Natives" bezeichnet, also als Menschen die mit digitalen Technologien wie Computer, Tablet-PC, Smartphone und MP3-Player und dem alles umspannenden Internet aufgewachsen sind. Es sind meist Angehörige der Generation Y (oder Gen Y), also Personen, die zur Jahrtausendwende Teenager waren und als Nachfolgegeneration auf die Babyboomer folgten. Die Lebensrealität der Angehörigen der Generation Y ist zu einem großen Teil von ihrer digitalen Umwelt geprägt.

Bereits in den frühen 90er-Jahren des 20. Jahrhunderts glaubten Forscher von Xerox Park, dass die Computernutzung und die Durchdringung in der Gesellschaft im 21. Jahrhundert so selbstverständlich sein werde, wie die Versorgung mit Wasser und Strom (20).

So hat ein heute 21-Jähriger durchschnittlich 250.000 E-Mails und SMS bearbeitet, 10.000 Stunden mit seinem Handy und 3.500 Stunden in sozialen Netzwerken verbracht (21). Vorlesungen, Seminare, Schul- und Ausbildungsveranstaltungen werden durch E-Learning unterstützt.

Die Digital Natives sind typische Vertreter des ZdIK, und sie nutzen die aktuellen Technologien frei und ohne Berührungsängste. Die pausenlose Gesellschaft ist für die Gen Y ihre „normale" Gesellschaft, die für sie gültige Umgebung. Das Adjektiv „pausenlos" ist deshalb für sie auch nicht negativ konnotiert, es beschreibt das Leben, das sie vorfinden, in das sie hineingeboren sind und mit dem sie sicher und selbstverständlich umgehen. Auch digitale Permanenz wird nicht als Besonderheit oder gar als Problemstellung identifiziert.

Die sie umgebende und genutzte Technologie ist Teil der digitalen Permanenz, sie ist sowohl deren Ausdruck als auch ihre Grundlage. Sie schafft erst die Voraussetzungen für die pausenlose Gesellschaft der digitalen Permanenz, deren Kennzeichen sie dann bildet und wonach sich diese Generation bemisst.

Das Leben im Netz wird nicht als abtrennbarer Teil eines „anderen“ Lebens definiert, es ist die natürliche Umwelt und immanenter Teil des Lebens der Digital Natives. Im Unterschied hierzu betrachten die „Digital Immigrants“, also Menschen, die sich das Netz und ihre Strukturen zunutze machen und ihm ebenso wie die Digital Natives positiv gegenüberstehen, das Netz und seine Angebote als optionalen Teil ihres „sonstigen“ Lebens. Das ist ein wesentlicher Unterschied, erklärt aber auch deren völlig andere Sichtweise auf das Netz und das Verhalten im Netz. Wer Teil der digitalen Welt ist, empfindet diese nicht als „zusätzlich“, „anders“ oder „optional“, sondern als integralen Bestandteil seines Lebens. Digital Natives fürchten sich nicht vor dem Netz, sie hegen keine Bedenken und Vorbehalte, und sie sind weder ängstlich noch kritisch im Umgang mit ihrem digitalen Habitat.

Die digitale Welt der sozialen Medien ist für sie auch kein Werkzeug oder Hilfsmittel, um das Leben zu organisieren, so wie dies die Digital Immigrants es noch häufig sehen. Im Gegenteil, das Netz mit allen seine Möglichkeiten ist Teil der Lebenswirklichkeit der Generation Y. Philip Riederle, mit 19 Jahren einer der jüngsten und erfolgreichsten Social-Media-Berater, beschreibt dies in seinem Buch „Wer wir sind und was wir wollen“ treffend: „Die Generation der Digital Immigrants hat das Internet als große Wiedersehensparty erlebt“ (22), für sie ist das Netz ein Mitmach-Netz. Digital Natives hingegen sind bereits im Mitmach-Leben angekommen, man ist im Netz voll integriert, Freizeit, Beruf, Studium, Hobby und Familie trennen sich nicht mehr voneinander.

Die Digital Natives leben im Digital Environment, sie organisieren ihr Leben vornehmlich in sozialen Netzwerken, das wichtigste davon ist Facebook. Das soziale Netzwerk Facebook ist erst seit 2004 auf dem Markt, es wird von dem gleichnamigen Unternehmen facebook inc. in Kalifornien betrieben (23) und ist vom Gründer, Mark Zuckerberg, wie die studentischen Jahrbücher an Colleges der USA aufgebaut worden. Heute hat Facebook mehr als eine Milliarde Mitglieder und zählt zu den fünf am häufigsten besuchten Websites der Welt. In Deutschland ist Facebook nach Google auf Platz 2 der am häufigsten besuchten Websites (24).

Der weltweite Altersdurchschnitt der Nutzer liegt bei rund 30 Jahren. Es sind also nicht die allerjüngsten, die das soziale Netzwerk nutzen. Und es gibt bereits einen Trend in den USA, dass die allerjüngsten Nutzer Facebook inzwischen als „uncool“ empfinden.

Damit ist auch Facebook Teil unserer pausenlosen Gesellschaft. In Facebook ist niemals Schluss, es gibt keine „Betriebs- oder Nachtruhe“ und schon gar keinen „Sendeschluss“. Facebook ist Teil der digitalen Permanenz, es ist immer „on“, man ist immer „on“; alle sind immer „on“. Ausschalten ist deshalb auch keine Kategorie von sozialen Netzwerken. Man schaltet sein Leben ja nicht ab, man knipst sich nicht aus.

Dabei ist Facebook mehr als ein Modell für das integrative Netzleben der Digital Natives. Es ist der Prototyp für ein neues digitales Permanenzverständnis. Das System bietet etliche (unkomplizierte) integrierte Möglichkeiten der Vernetzung und Kommunikation. Niemand mehr muss Facebook verlassen, um E-Mails zu verschicken, Bilder auszutauschen, Texte zu schreiben, Informationen zu recherchieren oder Videos anzuschauen und zu teilen. Mit Facebook ist man immer und überall pausenlos „on". Das, was Digital Immigrants noch suspekt ist oder den „Nicht-Netzlern" als verrückt erscheint, repräsentiert die Lebensrealität dieser Generation Y. Die digitale Permanenz, die Facebook bietet, wird von den Digital Natives weder als Gefahr gesehen noch kritisch hinterfragt. Sie ist das Lebensgefühl von Milliarden Menschen und steht hier nie zur Disposition.

Wer heute kritisch fragt, ob es denn datenschutzrechtlich nicht bedenklich sei, dass ein börsennotiertes Unternehmen wie Facebook über solche gigantischen (persönlichen) Daten verfüge, der muss sich zunächst sagen lassen, dass die Nutzung von Facebook freiwillig geschieht. Die digitale Permanenz macht aus dem ängstlichen, zugeknöpften Bürger den offenen, selbstbewussten Netzaktivisten, der mit Stolz und Freude seine Bilder, seine Daten und sein Leben der ganzen Welt zur Verfügung stellt.

Dass das voll integrierte soziale Netzwerk Facebook ein Privatunternehmen ist, hängt auch mit dem Zaudern der ewigen Bedenkenträger der öffentlichen Hand zusammen. Zuckerberg, der Begründer von Facebook, konnte mit seinem System erst Erfolg haben, nachdem sich die amerikanischen College-Behörden aus Datenschutzgründen jahrelang nicht entschließen konnten, die Studentenjahrbücher mit den Fotos der Studierenden online zu stellen. In diese Lücke ist Facebook erfolgreich gestoßen und hat sich einen riesigen Markt erschlossen.

Vielen von uns wäre es heute vielleicht wohler, die persönlichen Profil-Daten unserer Kinder auf den Servern einer öffentlichen Einrichtung gehostet zu sehen als von einem börsennotierten Unternehmen in den USA. Aber wie so oft führten auch hier die Ängste der Bedenkenträger ins Gegenteil.

Es gibt natürlich eine ganze Reihe von Alternativen an sozialen Netzwerken zu Facebook. Ob sie nun diaspora, friendica oder google+ heißen, allen ist gemeinsam, dass sie die digitale Permanenz nicht nur nutzen, sondern leben. Dabei ist entscheidend und wieder systemtypisch, dass die alternativen Systeme niemanden zwingen, sich von Facebook zu verabschieden. Auch in diaspora kann man seine Postings den Facebook-Freunden mailen und umgekehrt.

Die Vernetzbarkeit auch auf einer Metaebene macht deutlich, dass niemand mehr das digitale System verlassen muss, wo immer er sich auch befindet. Das ist gelebte, voll integrierte und systemimmanente digitale Permanenz. Und Facebook ist das erfolgreichste Produkt in dieser Kategorie. Und deshalb ist ohne Facebook alles nichts (► Abb. 3-8).

**Abb. 3-8** Dieses Unternehmen hat mehr als eine Milliarde Menschen virtuell zusammengebracht.

## 3.6 Wo bitte geht's zur nächsten Party?

Wer heute zu einer Party geht, macht sich keinen Plan. Meist ist er gar nicht eingeladen und kommt doch vorbei – oder auch nicht. Einladungen zu einer Party gelten heute als uncool, langweilig und altmodisch. Man macht eine Fete, und vielleicht kommen ein paar Gäste oder ein paar mehr oder auch ein paar weniger. Macht nichts, geplant wurde ohnehin nichts. Getrunken wird irgendetwas, Essen oder Snacks sind nicht vorgesehen.

Was nach einer lockeren Partymentalität junger Leute aussieht, ist Ausdruck einer grundlegenden Veränderung einer Zeit- und Gästeplanung für Feste. Kaum jemand legt sich fest. Der Gastgeber nicht, indem er niemanden einlädt, weder Zusagen noch Absagen erwartet und ohnehin weiß, dass sich an derlei Abmachungen heute niemand mehr gebunden fühlt.

Die Gäste auch nicht, weil sie nie sicher sind, ob um die Ecke oder in der nächsten Stadt die bessere Party läuft, mehr los ist, sich ein Spontantreff auf dem Volksfest entwickelt oder man lieber am Flussufer beim Vorglühen mit Freunden bleibt.

Wie ist so etwas überhaupt möglich ohne Chaos? Wie geht das?

Ein derartiges Verhalten ist nur dank der digitalen Permanenz möglich und durch das Einüben des pausenlosen Verhaltens und des „Sich-nicht-mehr-festlegen-Wollens" (► Abb. 3-9).

Man legt sich nicht fest, weder in Bezug auf den Zeitpunkt (man kommt, wann man will, und geht, wenn man keine Lust mehr hat) noch in Bezug auf den Ort (man geht dorthin, wo spontan die beste Fete läuft). Dies gilt auch für die Personen (ob ich bei Freunden bleibe oder auf einer

**Abb. 3-9** Wer Spaß haben will, muss sich heute nicht mehr festlegen. Wenn's nicht mehr gefällt, ist die nächste Party nur eine SMS entfernt.

Party unter lauter Fremden, ist ziemlich gleichgültig) und auch für Zusagen (wer sagt, er komme zu einer Party, fühlt sich nicht an diese Zusage gebunden).

Diese Art moderner Lebensgestaltung wird üblich, weil nicht nur tatsächlich permanent irgendwo eine bessere Alternative lauert oder lauern könnte, sondern auch, weil die realistische Möglichkeit besteht, davon zu erfahren: eine hippere Fete, nettere Leute, die bessere Musik, die cooleren Drinks, die schönere Location. Diese Alternative will und braucht man sich nicht entgehen lassen, weil man permanent digital vernetzt ist, sei es über die (inzwischen altmodische) E-Mail oder SMS, WhatsApp oder andere Kurznachrichtendienste. Über soziale Netzwerke tauchen kontinuierlich Alternativangebote auf, werden Bilder der besseren Party geschickt; dumm, wer sich da noch festlegt und brav auf der ersten Party des Abends hängenbleibt.

„And I've heard that the grass is greener, on the other side of the hill“, sang Gary Moore noch in seinem Song „Moving on“, nur dass sich heute keiner mehr auf die Wanderschaft begeben muss, um zu überprüfen, ob es woanders wirklich besser ist. Die permanente Netzverfügbarkeit ermöglicht ja den virtuellen Blick dorthin. Ein paar schnell aufs Handy geschickte Bilder sagen mehr, und man kann abschätzen, ob es sich lohnt. Schnell noch drei Freunden Bescheid sagen, dass es zwei Straßenzüge weiter lockerer ist – und schon trifft man sich auf einer anderen „Baustelle“. Werden dort die Erwartungen nicht erfüllt – macht nichts, wir fragen mal auf Facebook rum, ein neues Angebot kommt schon per SMS, und schon ist man wieder weg und auf dem Weg zur nächsten Location.

Philipp Riederle beschreibt dies als typisch für die Generation Y. So verabredet man sich heute: „Aber so ist das Leben nun mal: spontan; Generation Flashmob; spannend, wen man trifft, ob Bekannte oder Unbekannte. Und nicht wie Zum Tee bei Dr. Borsig.“ (25)

Und so zieht ein ganzer Tross junger Leute Abend für Abend, Wochenende für Wochenende durch die Städte, von einer Party zur nächsten, ohne Einladung und Gastgeschenk, ohne Zusagen und Absagen und ohne jede Verpflichtung zu bleiben, zu gehen oder gar einen eigenen Beitrag zum Gelingen des Fests zu leisten.

Die digitale Permanenz der ZdIK führt schnell dazu, dass man nicht mehr bereit ist (wozu denn?), auch einmal eine Phase auf einer Party „auszuhalten“, die nicht superlocker, nicht cool genug und superinteressant ist. Die digitale Permanenz produziert einen Fluchtmenschen, ständig auf der Suche nach dem besseren, schöneren, gelungeneren Abend.

Niemand lässt sich mehr ein auf das, was konkret ist: auf den Ort, auf die Veranstaltung, auf die Menschen. Und wer sich nicht mehr einlässt, der trägt auch nicht bei zum Gelingen von sozialen Events, was eine Party nun einmal ist.

Die digitale Permanenz ermöglicht aber auch die Flucht von einer langweiligen Fete und das Treffen mit interessanteren Menschen, die permanente Kommunikation im allgegenwärtigen Netz realisiert einen schönen Abend statt eines öden Events.

Digitale Permanenz lässt Menschen auch fliehen, treibt sie ständig an auf der Suche nach Neuem, nach Besserem, nach Mehr und verhindert, aus gegebenen Rahmenbedingungen mehr zu machen und auch im Suboptimalen das Gute zu sehen. Wem das allzeit bereite Netz vorgaukelt, dass es irgendwo anders immer besser wäre, hört auf, dort zufrieden und glücklich zu sein, wo er ist. Wer ständig flieht, kommt nie an, und wer immer nur sucht, wird nichts finden.

Ist einerseits also die digitale Permanenz eine wunderbare Hilfe in der Kommunikation junger Menschen, verhindert das kontinuierliche Lockangebot des jeweils anderen die Auseinandersetzung im Hier und Jetzt, die Festlegung auf Menschen, Orte, Worte und Zusagen. Sie untergräbt die Bereitschaft, sich einzulassen auf das, was ist, auf die Gegenwart und die Notwendigkeit, in jeder Situation zum Gelingen des Lebens beizutragen, auch wenn es nur die Party von Freunden ist. Die Ursache für den endlosen Zug der jungen Leute von einer Party zur nächsten ist nicht die Genusssucht oder die Unersättlichkeit, sondern die Verlockung durch die digitale Permanenz.

Nur wer ihr im Sinne einer psychologisch definierten Selbstkontrolle (26) standhalten kann, wird sie produktiv und konstruktiv nutzen können. Wer ihr aber erliegt, macht sich nicht nur zum Sklaven pausenloser Verfügbarkeit, sondern bringt sich selbst um die Erlebnisse und den Genuss der aktiv wahrgenommenen Gegenwart.

## 3.7 Das Buch und die digitale Permanenz

Die Geschichte der Medien ist so alt wie die Geschichte der Menschheit, denn spätestens seit der Entwicklung der Sprache kommunizieren Menschen untereinander und tauschen dabei Informationen aus.

Die Zeitspanne, in der diese Informationen auf den verschiedensten Trägermedien schriftlich fixiert werden, ist verglichen mit dem Bestehen der menschlichen Spezies verschwindend gering. Noch im Mittelalter, also gerade vor ein paar Augenblicken angesichts der 200.000-jährigen Menschheitsgeschichte, überwog die mündliche Kommunikation. Ein solcher mündlicher Austausch basiert auf einer synchronen Kommunikation, die sich in der mündlichen Tradition als „Human-to-human"- oder „Face-to-face"-Interaktion manifestiert (27).

Auch wichtige wissenschaftliche Diskussionen fanden zunächst – etwa in der Frühantike – mündlich statt, und niemand dachte daran, sie aufzuschreiben. Im Gegenteil, man war der Meinung, dass die permanente Verfügbarkeit der Inhalte der wissenschaftlichen und inhaltlichen Diskussion schade.

Doch vor rund 2.000 Jahren fand genau darüber der erste prinzipielle Richtungsstreit in der Wissenschaft statt. Während der Philosoph Platon (427 v. Chr.–347 v. Chr.) als Verfechter der synchronen Kommunikation in der oralen Tradition stand, die Verschriftlichung der Gedanken und Diskurse strikt ablehnte und seine Philosophenschule weiterhin rein mündlich führte, war es sein Schüler Aristoteles (384 v. Chr.–322 v. Chr.), der gerade mit der schriftlichen Fixierung des (wissenschaftlichen) Austauschs eine neue Qualität beanspruchte. Die Diskussion um das ideale Medium der Wissenschaft war ein hartes Ringen. Einerseits ist es ein nachvollziehbarer Gedanke, dass eine echte Auseinandersetzung und Diskussion, also das Ringen um die richtige Sache (oder um die „Wahrheit", wie die Philosophen sagen würden), nur im direkten Gespräch und der direkten Konfrontation um Argumente geführt werden könne. Wenn, so argumentierte Platon, der Gedanke erst einmal aufgeschrieben und verbreitet ist, wird er bei seinem Leser eine eigene Empfindung auslösen und eine Interpretation erfahren, die abhängig ist vom Kontext desjenigen, der die Texte liest. Auch kann sein Urheber weder erklärend und korrigierend eingreifen noch seine eigene Position nach Austausch der Argumente korrigieren. „Kann denn so Wahrheit entstehen?", fragt sich Platon? Das Format des Dialogs, in dem viele Schriften von Platon erschienen sind, versucht diesen Mangel zu beheben.

Demgegenüber argumentiert Aristoteles, ebenfalls nachvollziehbar: Wer in der Lage ist, seine Gedanken aufzuschreiben, kann sich als Autor länger damit auseinandersetzen und die Ideen weiterentwickeln. Außerdem können sie identisch an ein größeres Publikum verbreitet werden. Dieses kann sich dann mit den Inhalten auseinandersetzen und immer wieder neu nachlesen, wenn Verständnisschwierigkeiten auftreten. Nur so könne eine intensive und langfristige Diskussion entstehen, die beim flüchtigen, gesprochenen Wort nicht möglich sei (▸ Abb. 3-10).

Wie die Geschichte der Ideen und Medien zeigt, hat sich Aristoteles' Vorstellung im Wesentlichen durchgesetzt. Und das Schriftlichkeitsdogma wurde durch die Erfindung des

**Abb. 3-10** In Platons berühmter Philosophenschule war die mündliche Diskussion das einzig zulässige Medium.

Buchdrucks im 15. Jahrhundert noch verstärkt. Vor 2.000 Jahren war dieser Paradigmenwechsel vergleichbar mit der aktuellen Diskussion um Nutzung und Einsatz digitaler Medien und den Folgen für die inhaltliche Auseinandersetzung und Prozessierung im Gehirn (28).

Es ist interessant, dass das Bedürfnis nach schriftlicher Fixierung von Wissen offensichtlich nur in höheren Gesellschaftsformen entsteht. So fand dieser Paradigmenwechsel ausgerechnet im antiken Griechenland statt, weil ein großer Teil der antiken Athener schreiben und lesen konnte. Die Handschriften waren dann das Medium der Wahl, aber ihre Erstellung und Verbreitung war mit entsprechend großem Aufwand verbunden. Dabei konnte man an eine massenhafte Verbreitung von Inhalten mit dieser Technik noch nicht zu denken.

Erst die Entstehung des Buchdrucks nach der Erfindung der beweglichen Lettern durch Johannes Gutenberg im Jahr 1452 brachte den Durchbruch und war der Beginn der Erfolgsstory für das Buch. Damit war das gedruckte Buch fast 500 Jahre lang das Leitmedium für Bildung, Wissenschaft und Unterhaltung.

So wie heute über die Bedeutung von E-Books gestritten wird (wir kommen auf dieses Thema später zurück), war aber auch das gedruckte Buch in seiner Zeit nicht unumstritten: Schon wenige Jahre nach Gutenberg schrieb der Gelehrte Niccolò Perotti im Jahr 1471 aus Anlass der Erfindung des Buchdrucks, über den er sich zunächst sehr gefreut hatte, an einen Freund:

> *„Doch ach wie falsche und allzumenschliche Gedanken. Ich sehe, dass die Dinge eine ganz andere Wendung als von mir erwartet nehmen. Denn weil jetzt jeder weiß, dass er frei ist zu drucken, was immer er mag, wird nicht mehr nur geschrieben, was das Beste ist, sondern vieles nur, um zu unterhalten, und vieles, was besser vergessen würde und ausradiert aus all den Büchern. Und selbst wenn sie etwas schreiben, das es wert ist, drehen sie es so lange, dass es besser nicht existierte, und verbreiten Unwahres in Tausenden von Kopien über die ganze Welt." (29)*

Und bereits vor der Erfindung des Buchdrucks, im 14. Jahrhundert, beschwerte sich der italienische Dichter und Geschichtsschreiber Francesco Petrarca über die Verbreitung von Unwissen durch das Schreiben von Büchern:

> *„Jedermann will jetzt Bücher machen, jedermann will die Freiheit haben, so treibt ein Narr immer den anderen, lobet ein Esel den anderen, damit kommt in die Welt solcher Unrat, wie dann vorhanden." (30)*

Es mag verwundern, dass die Warnung vor schlechter Literatur keine Erfindung unserer Tage ist. Aber bei grundlegenden Veränderungen gab und gibt es immer auch Ängstliche, Verzagte, Warner und Nörgler, die in einer Neuerung keine Chancen erkennen, sondern getrieben sind von einer unklaren Angst vor Veränderungen.

Dennoch hat sich im Gefolge der neuen Technik das gedruckte Buch allumfassend durchgesetzt und die Handschrift zu einem marginalen Randphänomen im künstlerischen Bereich verdrängt. Das gedruckte Buch war damit gut 500 Jahre der Menschheitsgeschichte das zentrale Leitmedium.

Der gerade beginnende Paradigmenwechsel unserer Zeit von der (analogen) Buchkommunikation zur digitalen Kommunikation im 21. Jahrhundert ruft verständlicherweise erneut viele Ängstliche und Bedenkenträger auf den Plan. Dabei „geschehen" technologische Veränderungen einfach, etwa die Ablösung der Buchfixierung und die Digitalisierung. Sie entstehen aus den sich entwickelnden Möglichkeiten und sind nicht wirklich aufzuhalten: „Digitalisierung geschieht, und es war nicht an uns Menschen zu entscheiden, ob das Wissen automatisiert werden soll oder nicht" (31).

Die digitale Welt der Kommunikation ist dabei im Verhältnis zur 500 Jahre währenden Buchtradition noch so neu, dass wir gerade erst beginnen, diesen grundlegenden Einschnitt hin zur digitalen Kommunikation zu verstehen.

Eben erst haben wir mit dem E-Book den Wechsel vom gedruckten Buch zum digitalen Pendant verstanden, den Übergang von der gedruckten Zeitschrift zum elektronischen Journal (E-Journal) vollzogen und das E-Paper als Ablösung der gedruckten Zeitung realisiert. Aber alle diese Medien haben kaum mehr getan, als die ursprünglich analoge Form auf den „Bildschirm" zu projizieren und sind weiter auf das buchzentrierte „Seitenformat“ fixiert. Sie sind deshalb noch keine echte Medienrevolution, weil sie zwar die Verbreitungsmöglichkeiten des Netzes nutzen, ohne jedoch das Internet und seine ihm immanent zugrunde liegenden digitalen Möglichkeiten umzusetzen.

Die reine Adaption der gedruckten Welt auf den Bildschirm stellt noch keine neue Qualität dar. Diese entsteht erst, wenn auch die (intellektuell-gedankliche) Erstellung von Inhalten die umfassenden Möglichkeiten der jeweiligen Netzwelt und ihrer aktuellen Technik umfassend einsetzt.

> *„Unsere Schwierigkeiten dagegen rühren von einer Krise des Geschriebenen her. (…) Das Seitenformat hat sich erschöpft. Es braucht einen Wechsel. Die Informatik macht den Übergang möglich.“ (32)*

Die größten Auswirkungen auf das etablierte System der gedruckten Literatur und Information für deren Produktion (Autoren und Verlage), Verbreitung (Buchhandel) sowie Aufbewahrung und Erschließung (Bibliotheken) haben deshalb heute dynamische Dokumente, wie sie immer häufiger (nicht nur im wissenschaftlichen Erkenntnisprozess) generiert werden.

Allgegenwärtig und ständig im Fluss befindliche Inhalte („liquid documents“, „liquid pdf“) sowie Blogs, Tweeds und andere digitale Medienformen, die ausschließlich über das Internet verbreitet werden und deren Existenz nur noch an das Netz, nicht aber an spezielle Geräteformen gebunden ist, bestimmen die aktuelle Diskussion um die Medien und sind zumindest bei Internet-affinen Autoren längst State of the art.

Gerade erst beginnen wir zu begreifen, wie die Existenz von dynamischen Dokumenten Publizieren und Lesen revolutioniert, etwa dadurch, dass Erkenntnisgewinnung und -verarbeitung sowie die Verbreitung und Diskussion von Ideen geradezu in ein „Realtime-Verhältnis“ geraten sind.

Mit dem Begriff des „liquid content“ wird klar, dass eine distinkte Trennung zwischen einzelnen Ausgaben, Versionen, Editionen und Auflagen im 21. Jahrhundert nicht mehr greift. Ohnehin ist die Strukturierung von Büchern in Auflagen und Ausgaben eine Erfindung aus der Zeit der massenhaften Druckverbreitung. Zu Beginn des Buchdrucks war es keineswegs selbstverständlich, „Nachdrucke“, also das erneute Drucken eines Buchs, besonders zu kennzeichnen. Wenn das Buch ausverkauft war und weiterhin Nachfrage bestand, wurde es einfach erneut gedruckt. Ob es eine „unveränderte Auflage“, eine „leicht veränderte Auflage“ oder gar eine neue „Ausgabe“ war, interessierte bis weit in die Neuzeit niemanden. Erst sehr viel später erfanden Bibliothekare mit einem unbedingten Willen zur Systematisierung und Formalisierung die unzähligen Kategorien zur formalen Beschreibung der verschiedenen Drucke und ihrer Ausgaben.

Allerdings bemühen sie sich noch heute mit den Kategorien des 18. Jahrhunderts, „liquid content“ in die formalen Abdrücke des gedruckten Werkes zu gießen. Freilich vergeblich, wie die unzähligen Kommissionen beweisen, die seit Jahrzehnten versuchen, der Entwicklung der weltweiten Inhalteproduktion und der Medienbranche mit bibliothekarischer Genauigkeit hinterherzuhasten (33).

Das ZdIK in seiner digitalen Permanenz kann deshalb auch als neue Stufe einer mediengeschichtlichen Entwicklung gesehen werden, die von der Handschrift über die Erfindung des Buchdrucks und den bildtragenden Medien zur digitalen Revolution mit all ihren Extensionen geführt hat.

Der Germanist und Medienforscher Peter Gendolla beschreibt dies so:

> *„Seit dem mediengeschichtlichen Zäsurdatum von 1840 beginnen die neuen apparativen Bild-Medien von Foto und Film im Wettstreit mit dem etablierten Schrift- und Buchmedium erstmals dessen Monopol der Sinnvermittlung zu bestreiten. So tritt das auf der Makroebene immer noch dominante Muster der gerichteten Zeitlinie das bildspezifische Zeitmuster reiner Koinzidenz." (34)*

Gendolla konnte in seinem Buch, das 1992 erschienen war, noch nicht weiter sehen. Heute erfahren wir das „Zeitmuster reiner Koinzidenz", das er bereits für Foto und Film in Anspruch genommen hatte, als das Paradigma der digitalen Permanenz im ZdIK.

Der digitalen Permanenz ging die analoge Permanenz voraus. Wir wollen hier nicht auf die vielen Dinge eingehen, die Menschen bereits (und in der Tendenz zunehmend) zeitgleich oder gleichzeitig tun. Vieles dazu ist geschrieben worden unter dem Stichwort der „Beschleunigung" oder der Thematik des „Alles gleichzeitig", auch in diesem Buch. Der Blick auf die Mediengeschichte ist aber deshalb so erhellend, weil das ZdIK in allererster Linie durch dessen elektronische Medien bedingt ist.

Die Erfindung des Buchdrucks war der erste Schritt zur Gleichzeitigkeit. Niemals zuvor war es möglich gewesen, eine größere Menge identischer Texte zeitgleich an den Leser zu verteilen. Genau dies war die bedeutendste Auswirkung der Gutenberg-Revolution. So wurde die Voraussetzung für das Zeitalter der Aufklärung geschaffen.

Wir haben heute durch die digitale Verfügbarkeit der Inhalte beste technische Voraussetzungen, etliche (digitale)

Kopien verlustfrei herzustellen und sie mit einem Knopfdruck weltweit zu verteilen.

Dass wir vor dem Hintergrund der Urheberrechtsdiskussion das Teilen („Sharing“) von Inhalten kritisch bewerten und gar unter Strafe stellen, hätte bei unseren Mitmenschen im Mittelalter nur Kopfschütteln hervorgerufen. Im Mittelalter war nämlich nur der Diebstahl eines Buchs verboten, nicht aber das Abschreiben und Verbreiten. Hätte bereits damals das heute gültige, strenge Urheberrechtsgesetz gegolten, hätten wir heute kaum mehr mittelalterliche Texte zur Verfügung.

Aber auch nach der Erfindung des Buchdrucks wimmelte es nur so von Raubkopien, bis ins 18. Jahrhundert. Das geistige Eigentum war nicht geschützt. Und parallel zur traditionellen „Frankfurter Buchmesse“, der bis heute weltgrößten Buchmesse überhaupt, etablierte sich im 18. Jahrhundert der „Hanauer Bücherumschlag“, eine Messe für Raubkopien (35).

Erst die Schaffung eines Vorläufers des heutigen Urheberrechts, die allgemeingültige Verlags-Gesetzgebung durch Philip Erasmus Reich im 18. Jahrhundert, machte ein geordnetes Verlegergeschäft möglich (36). Umso unverständlicher ist es, dass heute die Vertreter von Verlegern und Händlern auf der Einhaltung jener Urheberechtsregelungen aus dem 18. Jahrhundert beharren, obwohl sich die Medienwelt komplett verändert hat. Auf der Frankfurter Buchmesse 2013 hat der für Europa zuständige Google-Direktor Jens Redmer deshalb verkündet, dass es heute für einen Autor weit weniger problematisch sei, raubkopiert zu werden, als im Informationsdschungel nicht gefunden zu werden (37). So ist das im ZdIK.

Widerstände gegen (technische) Neuerungen bei der Entwicklung der Medien waren und sind üblich. Viele von

Ihnen werden sich noch an das Aufkommen der Musikkassette erinnern, die als erstes analoges Massenmedium die Vervielfältigung von Musik aus dem Radio für jedermann ermöglichte – zunächst noch mit einem Mikrofon, später mit dem berühmten „Überspielkabel“. Daraufhin wurde das Ende der Musikindustrie verkündet und der Untergang einer ganzen Branche vorausgesagt.

Jack Valenti, der langjährige Chef des US-amerikanischen Filmverbands MPAA, hatte in den 1970er-Jahren im Kampf Hollywoods gegen den Videorekorder eines der berühmtesten Sprachbilder der Lobbyismus-Geschichte entwickelt: „Der Videorekorder ist für amerikanische Filmproduzenten und die amerikanische Öffentlichkeit, was der Würger von Boston für die alleinstehende Frau ist.“ (38) Der Würger von Boston war ein rätselhafter Serienmörder der 60er-Jahre und hatte elf Frauen in der Stadt ermordet.

1971 berichtete „DER SPIEGEL“ über die „Hobby-Vervielfältiger“ sowie die „Kassetten-Konterbande“ und malte den Untergang der Musikindustrie durch die Erfindung der Leerkassette an die Wand. Man plante technische Lösungen, wie das Aufspielen von Hochfrequenztönen, die beim Kopieren die Geräte außer Gefecht setzen könnten (39). Und sechs Jahre später prophezeite das gleiche Magazin gar den Untergang der Musikindustrie:

> *„Die Musikindustrie steht, ohne sich dies selbst einzugestehen, vor ihrer gefährlichsten Krise. Durch den Vormarsch der Leerkassette werden die Plattenfirmen zu empfindlichen Budget-Kürzungen gezwungen sein. Sie werden qualifizierte Mitarbeiter entlassen und ihr Repertoireangebot drastisch einschränken müssen. Eine klanglose Zukunft ist das Menetekel. Wenn die Musikindustrie ihre wirtschaftlichen*

*Probleme heute und morgen nicht zu lösen vermag, wird es übermorgen bei aller Supertechnik kaum mehr produzierte Musik geben, die überspielt werden kann." (40)*

Wie wir alle wissen, ist es ganz anders gekommen, und nach einem kurzen Konsolidierungsprozess gibt es heute für Musiker mehr Plattformen zur (Selbst-)Darstellung, als sich gar Technikpropheten vor wenigen Jahren haben träumen lassen (► Abb. 3-11).

Aber in den „SPIEGEL"-Prognosen klingt die Warnung derjenigen wider, die heute prophezeien, es werde niemand mehr schreiben und publizieren wollen, oder die gar das Ende von Literatur verkünden, wenn alles im Netz verfügbar und kopierbar sei.

Die analoge Permanenz der Gutenberg'schen Druckmaschine hat die Art der Wahrnehmung und der Rezeption

**Abb. 3-11** Sie sollte das Ende der Musikindustrie sein: Die Audioleerkassette der 1970er-Jahre.

von Wissen und Informationen, aber auch die Menge und Geschwindigkeit, mit der sie verbreitet werden konnten, revolutioniert. Erstmals war es möglich, eine praktisch unbegrenzte Menge an identischen Texten herzustellen und in alle Welt zu verteilen.

Die letzten Versuche, die analoge Welt der gedruckten Informationen hochfrequent abzubilden, sind die „Losen Blattsammlungen“: Zu einem gelieferten Grundwerk, deren Seiten nicht gebunden, sondern in einen Ordner eingelegt sind, werden regelmäßig oder unregelmäßig Aktualisierungen und Ergänzungen geliefert, die dann in das Grundwerk einsortiert werden, wo sie die alten Seiten ersetzen. Diese Form hochfrequenter Aktualisierungen, die sich noch immer bei Gesetzestexten und Verordnungen findet, ist nicht nur eine „Lizenz zum Gelddrucken“ für die Verlage, sondern ein verzweifelter Versuch, das distinkte Medium eines analogen Textes in eine Quasi-Fluidität zu verwandeln, indem das Charakteristikum eines Buchs, die feste Bindung nämlich, wieder aufgegeben wird.

Wie wir bereits gesehen haben, ermöglicht die digitale Permanenz auf einer qualitativ höheren Stufe, Gutenbergs Buchdruck und seine revolutionären Konsequenzen dialektisch aufhebend, beliebig viele (digitale) Kopien verlustfrei herzustellen und sie mit einem Knopfdruck weltweit zu verteilen. Doch das ist längst nicht alles: Ganz offensichtlich liegt in der Entwicklung der Kulturtechniken nicht nur ein Hang zur Beschleunigung, sondern auch ein Trend zur Gleichzeitigkeit – und dies bereits seit 500 Jahren. Denn der digitale Text ist nur eine Zwischenstufe zum „liquid document“, zu Tweeds und Blogs, zur Allgegenwärtigkeit von Inhalten im Netz – und vor allem zu ihrer permanenten Fluidität. Das ist die Medienrealität der pausenlosen Gesellschaft.

*„Von den noch weit ans Ende des vergangenen Jahrhunderts existierenden vergleichsweise festen Rhythmen hat sich mit den rechnergestützten und global vernetzten Medien, vor allem den genannten mobilen Interfaces, eine Art ‚Instant-Messaging'-Existenz entwickelt, ein Leben in permanenter elektronischer Kommunikation." (41)*

Der Verlust natürlicher Strukturierung bei der Entwicklung der audiovisuellen Medien wird von Leroi-Gourhan auch als „Verlust der Rhythmen" bezeichnet, während Großklaus vom „Feld der Simultanten" in „absoluter Gleichzeitigkeit" spricht (42). Diese Gleichzeitigkeit ist das Charakteristikum des ZdIK und manifestiert sich auch in der digitalen Permanenz unserer Medien.

Bei vielen von uns entsteht Unbehagen, wenn wir bald Abschied nehmen sollen vom gedruckten Buch. Aber nicht den Kulturschatz verlieren wir, nicht die Literatur und das Wissen. Wir müssen uns nur verabschieden von einem bestimmten Träger, den wir zugegebenermaßen liebgewonnen haben – das Papier in Buchform oder das Buch in Papierform.

Die Basis für diesen Abschied ist die Abkehr vom Text als einzigem Informationsmedium in einfacher Linearität. Zwar werden wir noch lange Gedanken in Texte fassen, dennoch sieht der ein oder andere das Ende des Textes schon gekommen:

*„Eine Kultur ohne Text mag schwer vorstellbar sein, aber eine Kultur, in der der Text nicht mehr im Zentrum unseres Wissens steht, sondern nur ein Element in einem multimedial entgrenzten Informationsfluss bildet, ist im Digitalen bereits Wirklichkeit." (43)*

Ohnehin sehen selbst Kritiker der Digitalisierung wie der Ulmer Psychiater Manfred Spitzer, der in seinem Bestseller „Digitale Demenz“ vor der Nutzung digitaler Medien warnt (vor allem bei Kindern und Jugendlichen), das menschliche Gehirn nicht primär dafür „gebaut“, Texte und Schriften zu lesen:

> *„Das menschliche Gehirn ist für das Lesen etwa so geeignet wie ein Handwagen für die Formel 1. (...) Ganz einfach, weil unser Gehirn gar keine Zeit hatte während der letzten vier- bis fünftausend Jahre durch die Evolution solche speziellen Werkzeuge auszubilden. Von der Evolution ist unser Gehirn nicht zum Lesen gebaut. (...) Halten wir aber zunächst fest: Wir lesen also mit einem Gehirn, das zum Lesen nicht gebaut ist.“ (44)*

Wird also durch die Entwicklung einer multimedialen Informationslandschaft die alte und ursprüngliche Leistungsfähigkeit und Primärfunktion unseres Gehirns wiederhergestellt? Quälten wir uns und unsere Kinder einige Jahrtausende durch lineare Texte, die für unsere biologische Ausstattung nichts als eine Zumutung waren?

Wie dem auch sei: Die Medien einer zukünftigen Wissensgesellschaft sehen anders aus. Sie werden keine Einzelinhalte in Büchern und Zeitschriften sein, sondern digital vernetzte, größere und kleine Texte mit multimedialen Elementen in Ton und Bild im Internet, die sich ständig verändern und verbessern und deren Nutzung und Verbreitung erwünscht und nicht verboten ist. Sie werden von vielen Autoren gemeinsam erstellt und optimiert werden. Und sie werden die Basis eines weltweiten Literatur- und Wissenspools im gigantischen Netz der unbegrenzten Inhalte bilden.

## 3.8 Bibliotheken und Archive in der Permanenzfalle

Im vorangegangenen Kapitel haben wir gesehen, welche dramatischen Veränderungen die Medienentwicklung der letzten 500 Jahre nach sich gezogen hat. Eine besondere Beschleunigung hat diese Tendenz natürlich durch die Digitalisierung erfahren.

Heute stehen wir vor völlig neuen Medienkonzepten, die mit den klassischen Kategorien und der Beschreibung durch Verlage, durch den Buchhandel, aber auch durch unsere Bibliotheken nicht mehr zu fassen sind. Dabei geht es nicht um den einfachen digitalen Text, der als Eins-zu-eins-Übertragung des Analogen auf den Bildschirm gebracht worden ist.

Diese Art von Texten – die klassischen E-Books und E-Journals etwa – nutzen die neuen digitalen Möglichkeiten praktisch nicht, da sie größtenteils in ihrer Denk- und Entstehungsstruktur noch analog verankert sind. Wie wir bereits sahen, markieren sie nur eine Zwischenstufe zum „liquid document", zu Tweeds und Blogs, zur Allgegenwärtigkeit von Inhalten im Netz und vor allem zu deren permanenter Fluidität.

Mit dieser Medienrealität müssen Bibliotheken und Archive im 21. Jahrhundert erst umgehen lernen. Und dabei tun sie sich noch schwer. Noch halten sich viele dieser Einrichtungen am analogen Medium fest, noch existieren Millionen von gedruckten Büchern in den Bibliotheken dieser Welt, und wer sich ihre Ausleihzahlen ansieht, könnte tatsächlich glauben, die analoge Welt der Bibliotheken sei nie ins Wanken geraten. Genau darin aber besteht die eigentliche Gefahr: Auch wenn an der Oberfläche alles beim Alten zu bleiben scheint, gedruckte Bücher und Zeitschriften ausgeliehen werden und die Lesesäle der wissenschaftlichen

Bibliotheken voller Studenten sitzen, sind die eigentlichen Nutzungsformen wissenschaftlicher Inhalte unter der Oberfläche leicht auszumachen. Man könnte es so beschreiben: Zwar sind die Nutzer in den Bibliotheken noch physisch präsent, längst sind sie aber innerlich emigriert. Sie sind zwar noch in den Räumen der Bibliothek, nutzen aber Inhalte, deren Struktur und Form nicht mehr an die physischen Grenzen gebunden sind und deren Quellen nicht mehr primär die lizensierten elektronischen Inhalte der Bibliotheken sind (▸ Abb. 3-12).

Die Studierenden von heute brauchen keine Bibliotheken von gestern, sondern Inhalte von morgen:

> *„In einer jener seltenen historischen Transformationen (…) tut sich heute mitten in unserer Zeit und unseren Gesellschaften eine Kluft auf, die so breit, so unübersehbar ist, dass kaum ein Blick sie schon in ihrem ganzen Ausmaß zu überschauen vermag. (…) Am abschüssigen Rand dieser Kluft also stehen die jungen Leute, die wir zu unterrichten gedenken – unter Rahmenbedingungen, die aus einer Zeit stammen, die sie nicht mehr gekannt haben: Gebäude, Pausenhöfe, Klassenzimmer, Campus, Bibliotheken, Laboratorien und schließlich die Wissensformationen selbst. (…) Rahmenbedingungen, die aus einer Zeit stammen und auf ein Zeitalter zugeschnitten waren, in denen Welt und Menschen waren, was sie nicht mehr sind.“ (45)*

Mehr als die Hälfte aller wissenschaftlichen Forschungsergebnisse sind im Netz frei und kostenlos verfügbar und können ohne die Hilfe einer Bibliothek gelesen werden (46). Und auch die Bestandsalternative für öffentliche Bibliotheken existiert schon. Eine ganze Reihe von Medienunternehmen hat elektronische Unterhaltungsliteratur zum

**Abb. 3-12** Die Bibliothek der Zukunft wird Medien der verschiedensten Formen integrieren (© Getty Images).

„Ausleihen“ im Angebot, und zwar zu guten und bezahlbaren Konditionen, mit interessanten Businessmodellen und unabhängig von Raum und (Öffnungs-)Zeiten überall zu nutzen.

Im ZdIK hat auch der Wissens- und Bestandsbegriff eine ganz neue Deutung erfahren. Die Medienrealität des 21. Jahrhunderts besteht aus liquiden Dokumenten, kollaborativ entstandenen Inhalten und beliebig kombinierbaren Verlagsinhalten. Sie ist mit den klassischen Kategorien der Bibliothekslehre nicht mehr zu erfassen und zu begreifen. Wohin mit der Vorstellung fester Autoren, konkreter Bandzählungen, Auflagen, Erscheinungsjahre und Seitenpaginierungen?

In Bibliotheken existieren hervorragende Definitionen, Regeln und Workflows für eine ganze Bandbreite von traditionellen Medien, wie Handschriften, Frühdrucke, Printmedien und Mikroformen aller Arten. Für die Schwemme der elektronischen Materialien sind Bibliotheken gerade dabei, adäquate Geschäftsgänge zu etablieren.

Neuere, vor allem „flüchtige“ Medien der informellen und formalen Wissenschaftskommunikation, also etwa Online-Chats, Web-Sites und Blogs, sind hingegen sehr schwer bibliothekarisch zu „fassen“. Durch ihren dynamischen Charakter entziehen sie sich jener Mindest-Stabilität, die ein geordnetes Erfassen und sinnvolles Aufbewahren erfordert.

Kollaborative liquide digitale Dokumente sind nicht mehr greifbar. Hierfür gibt es weder Kategorien noch Regelwerke und Standards. Auch die aktuellen Bemühungen um neue Beschreibungsregeln für digitale Werke, die „Ressource Description and Access“ (RDA), wie Bibliothekare sie so lieben und in zahllosen Arbeitsgruppen diskutieren, werden nicht von Erfolg gekrönt sein können, da sie Fluides in starre Normen zwängen wollen.

Das wird aber nicht funktionieren und zeigt die Hilflosigkeit einer ganzen Branche, die seit 500 Jahren ihre Verzeichnungskategorien nie ernsthaft hatte ändern müssen. Für Bibliotheken und Archive war das Schriftlichkeitsparadigma des Aristoteles ein Segen und die Fixierung von Texten auf das Seitenformat jahrhundertelang die Norm schlechthin.

Dabei ist das digitale Wissen heute nicht durch Normen und Standards charakterisiert, sondern durch seine permanente Fluidität.

Damit ist auch das Ende der intellektuellen klassischen Katalogisierung und Beschlagwortung gekommen: Die Ordnung des digitalen Wissens muss und kann nun auf eine ganz andere Basis gestellt werden.

*„Dass Menschen den online zur Verfügung stehenden Datenberg selbst nicht bewältigen können, hat die Geschichte des Internet ja bereits eindrücklich bewiesen. Zu Beginn wurden die Verzeichnisse für die Internetsuchmaschinen noch redaktionell erstellt, doch als dann die Massen das Internet entdeckten und unzählige Webseiten online schalteten, kamen die menschlichen Redaktionen mit dem Indexieren der Inhalte nicht mehr nach. Automatisches Katalogisieren war der nächste entscheidende Schritt in der Geschichte der Digitalisierung (...).“ (47)*

Googles Index ist automatisch angelegt und führt aus Milliarden von Websites weitweit recht schnell und scharf auf die gesuchte Site oder die gesuchten Informationen. Er ist aber eben nicht statisch, und der Google-Katalog, wenn man diesen Index einmal so bezeichnen darf, baut sich permanent neu auf, ganz anders als ein herkömmlicher elektronischer Bibliothekskatalog, der Online Public Access Catalogue (OPAC) der wissenschaftlichen Bibliotheken. Dieser stammt samt seinen technischen Grundlagen und Verzeichnungsregeln aus den Anfängen der Computerzeit, als digitale Daten ausschließlich beschreibende Datensätze, aber keine wirklichen Inhalte waren.

Im ZdIK ist die Permanenz der Veränderung zur zentralen Qualität geworden, und die Vorstellung, Information wäre statisch und abbildbar in einem statischen, wenn auch elektronischen Katalog, ist eine Vorstellung aus der Zeit der analogen Inhalte.

Es mutet deshalb mehr als anachronistisch an, wenn heute in zahllosen Büros der Bibliotheken Menschen Buch für Buch per Autopsie, also mit der persönlichen und konkreten Individualbearbeitung, katalogisieren und mit formalen und sachlichen Kategorien versehen, wenn gleichzeitig Informationsmassen in Terabyte-Dimensionen durch Algorithmen elektronisch verzeichnet und geordnet werden.

> *„Die nachgewiesene Übersetzbarkeit der Theorie in den Mechanismus reflektiert sich in einem neuen Begriff von der Würde des menschlichen Geistes. Der Automat übernimmt diejenigen Leistungen, die nicht der höchsten Qualität des Originären bedürfen, wie sie die Erfindung selbst darstellt." (48)*

Die digitale Permanenz beruht auf Dynamik statt auf Statik. Flexibilisierung ist deshalb nicht das Zauberwort, sondern das Gebot des 21. Jahrhunderts. Die auf Normen und Standards bauenden Systeme der frühen Computerphase sind überholt. Sie stammen noch aus dem Zeitalter der Industrialisierung, wo über festgelegte Normen Qualität, Quantität und Leistung bestimmt wurden. „Die Industrialisierung basiert beispielsweise auf dem Aufbau von Systemen, weshalb der Vorgang der Normierung entscheidend ist. Das Digitale dagegen fragmentarisiert und verteilt, weshalb Flexibilisierung als wichtigster Aspekt an die Stelle starrer Normen tritt." (49) Verbunden damit und zugleich die Basis für bibliothekarisches Handeln ist die Neudefinition von Wissen und Inhalten. Doch das ist schon wieder ein anderes Thema.

Was für Bibliotheken gilt, ist in ähnlicher Form auch relevant für Archive, deren Sammelgut und deren Prozesse. Bis vor zwei Jahrzehnten noch war es weitgehend unstrittig, welche Aufgaben Archive haben, was sie sammeln, bewahren, kassieren und wie sie das konkrete Sammelgut zu verzeichnen haben. Mit dem unaufhaltsamen Vormarsch der Digitalisierung aber hat die Archive eine Hilflosigkeit erfasst, die so grundlegend in Bibliotheken nie zu spüren war (► Abb. 3-13).

Wenn das Sammelgut, das jahrtausendelang als fixes Material vorlag, nun im ZdIK als Fluidum produziert wird und nicht mehr in Konkretes zu packen, aber auch nicht mehr konkret zu packen ist, muss auch das Archiv seine prinzipiellen Regeln revidieren und überdenken.

Konkret gesagt: Im Archiv geht es heute um die Frage, was Aktenbestände des 21. Jahrhunderts auszeichnet und wie etwa digitale Aktenbestände in ein Archiv zu überführen sind.

Aber von vorne: Archive haben die Aufgaben, Schriftgut, Dokumente und andere Quellen für die Nachwelt zu sammeln, zu ordnen, zu erhalten, aber auch auszusortieren. So wie zu einem professionellen Bestandsmanagement ei-

**Abb. 3-13** In der Bibliothek der Zukunft wird es nicht nur einen vielfältigen Medienmix geben, sondern auch ganz neue mediale Formen, wie Liquide Dokumente.

ner Bibliothek die Aussonderung von alter und nicht mehr benötigter Literatur gehört, ist es die Aufgabe der Archivare, die Aktenlage nur insoweit zu dokumentieren, dass die wesentlichen Zusammenhänge erkennbar bleiben, Überflüssiges, Irrelevantes und Redundantes aber ausgesondert wird. Die Archivare sprechen hier vom „Kassieren“ der Akten.

Über Jahrhunderte, ja sogar über Jahrtausende, waren es die auf zeitgenössische Materialien beschriebene Dokumente, die gesichtet, sortiert und archiviert werden mussten. Pflege, Erhaltung und angemessene Lagerung der Materialien gehörten ebenfalls zum Aufgabengebiet der Archivare (▸Abb. 3-14).

Im 21. Jahrhundert stellte sich nun aber eine Frage, die so bislang nicht denkbar war: Was ist Archivgut? Welche

**Abb. 3-14** So sieht die klassische Vorstellung eines Archivs aus: Das moderne Archiv wird einen digitalen Workflow haben und auf solche Papierstapel verzichten können.

Medienform muss es haben? Macht das aufwändige und kostspielige Aussortieren noch einen Sinn, wenn alle Akten in digitaler Form zur Verfügung stehen? Wenn sie als digitales Material vom Ersteller bereits sortiert ins Archiv übermittelt werden? Wenn Archivbenutzer die Datenbestände mittels Suchmaschinen einfach und leicht durchsuchen, einsehen und sogar downloaden können?

Auch der Bereich von Akten und Quellen ist im ZdIK ein Realtime-Verhältnis eingetreten. Gegenwart, Vergangenheit und Zukunft fließen ineinander.

Bei digitalen Dokumenten gibt es keinen „Bruch" mehr zwischen dem Original und dem Archivgut, alle Dokumente können medienbruchfrei und ohne Platzprobleme abgelegt werden. Die übliche aufwändige Sichtung des Materials, die Erstellung eines Aktenplans und die Aussonderung sind überflüssig geworden. Es reicht, wenn etwa die Verwaltung als Akten erstellende Behörde selbst eine durchgehende Gliederung einhält, womit alles per Volltextsuche sofort such-, find- und nutzbar ist.

Außerdem werden etliche Informationen und Dokumente, die bislang als gedruckte Briefe ins Archiv gelangt sind, seit 20 Jahren als E-Mail abgewickelt. Nur wenige Unternehmen und Behörden haben Regeln festgelegt, wie solche E-Mails zu archivieren sind. Wenn es aber eine Archivierungspflicht gibt, dann erfüllt sie längst das IT-Department, aber nicht mehr der Archivar. Mit der Veränderung der (Büro-)Kommunikation im ZdIK zerrinnen dem Archivar ganze Berge von Materialien buchstäblich unter den Händen. Sie erreichen schlicht das Archiv nicht mehr, sind aber bei Bedarf ohne Mühe und ohne Archivkompetenz umfassend recherchierbar.

Dies gilt zunehmend auch für „wichtigere" Dokumente und Quellen. Das Archiv der Zukunft unterscheidet sich nicht mehr von der eigentlichen Ablage der Dokumentenproduzenten. Die medienbruchfreie Verfügbarkeit und Recherchierbarkeit, die einfache Aufbewahrung und Speicherung lässt den Unterschied zwischen Arbeitsmaterial, Archivgut und Dokument verschwinden. Wer heute ein Dokument elektronisch erstellt, hat bereits sein eigenes Archivgut erschaffen. Die Ablage und Ordnung besorgen leistungsfähige Algorithmen, ebenso wie die Suche und Kontextualisierung der Akten selbst, die durch Technik weit umfassender und präziser erfolgen kann, als der gute alte Aktenplan es jemals ermöglicht hätte. Und selbst die digitale Speicherung von gigantischen Datenmengen wird täglich billiger.

So werden etwa beim E-Government nur noch digitale Materialien erzeugt. Das Schweizer Bundesarchiv hat in seiner Digitalisierungsstrategie entschieden, dass diese nur noch digital abgelegt und archiviert werden müssen. Der Workflow bleibt medienbruchfrei digital (50). Damit entfällt der riesige Aufwand, aus einem „Verwaltungsgut" in einem Zwischenarchiv ein bleibendes „Kulturgut" in einem Archiv zu machen. Bislang war es allein der Entscheidungskompetenz des Archivars überlassen, welches Schriftstück erhalten und welches kassiert wird. In einer digitalen Welt ohne Raum- und Speicherprobleme ist diese Entscheidung schlicht unnötig geworden (51).

Das Land Baden-Württemberg führt 2014 den „Elektronischen Rechtsverkehr" ein. Das bedeutet, dass Akten bei Gericht künftig nur noch elektronisch geführt werden, der klassische Schriftverkehr in Papierform, aber auch die Aktenführung, Aktenablage und Archivierung digital erfolgen (52).

Nichts verschwindet mehr im Internet, und durch die spezielle Netzstruktur der verteilten Knoten wird die Archivierung systemimmanent mitgeliefert, ohne dass es dazu besonderer Einrichtungen bedarf. Algorithmen organisieren, strukturieren und indizieren die potenziellen Archivinhalte sekündlich neu, und ihre Suchmaschinen machen das Auffinden in jeweils anderen, aktuellen Kontextenten leicht: „Mit diesen unzähligen Aufzeichnungen hat sich etwas entwickelt, das man als Archiv der Gegenwart bezeichnen kann: ein medialer Raum, in dem wir gegenwärtiges Geschehen abbilden." (53)

Die Vorstellung, was ein Archiv ist, wie es aufgebaut zu sein hat und wie die Regeln der Verzeichnung aussehen, hat sich im ZdIK völlig verändert. Erneut gilt: Die bekannten Kategorien, mit denen Bibliotheken und Archive arbeiten und auf denen sie aufgebaut sind, gelten nicht mehr in der digitalen Welt, sie sind weltfremd geworden – und das beunruhigt viele Zeitgenossen.

Das digitale Archiv der Gegenwart ist nicht nur weniger aufwendig, billiger und vollständiger, sondern bedeutet auch einen demokratischen Akt einer transparenten „Liquid Democracy", weil es für jedermann einen einfachen Zugang zu allen Archivmaterialien ermöglicht.

## 3.9 Das Internet der Dinge

> *Die Menschen sind heute nicht mehr verwurzelt, sondern vernetzt.*
>
> unbekannt, Internet-Fund

Die digitale Permanenz im ZdIK hat den Computer zu einem allgegenwärtigen Gerät gemacht. Das umfasst natürlich zunehmend auch alle mobilen Geräte, auf denen mit

Rechenleistung der Mikroprozessoren umfangreiche Anwendungsprogramme genutzt werden können.

Der Schwerpunkt in der Alltagsnutzung liegt inzwischen tatsächlich auf mobilen Endgeräten in den verschiedensten Ausprägungen und ihrer Vernetzung im ubiquitären Internet mit seinen nahezu unbegrenzten Möglichkeiten. Bereits im Jahr 2010 gab es weltweit 1,5 Milliarden PCs mit Internetanschluss und 1 Milliarde Smartphones. Bis 2018 werden es weltweit 3,3 Milliarden Smartphones sein (54).

Digital Natives wie Digital Immigrants nutzen diese Smartphones und Tablets neben vielen anderen mobilen Endgeräten (mobile devices) zur Herstellung der digitalen Permanenz und der Ausgestaltung der Lebenswelt im ZdIK.

Allerdings basiert menschliches Leben nicht nur auf der Netzrealität und der seiner virtuellen Simulation. Die Basisfunktionen menschlicher Existenz wie Essen, Trinken, Schlafen und Wohnen erfordern das Vorhandensein von real-physischen Dingen, die nicht digital substituiert werden können.

Doch mit der Durchdringung der physisch-realen Welt mit Mikroprozessoren und Sensoren aller Art erreicht das Phänomen der digitalen Permanenz eine neue Stufe. Es wird als das „Internet der Dinge“ bezeichnet und macht den einzelnen Mikrochip jenseits von komplexen Rechnern zu einem neuen Verbündeten zwischen dem Internet und der realen Welt (► Abb. 3-15).

Die Realität der digitalen Permanenz ist nicht mehr länger gebunden an ein bestimmtes Gerät, wie etwa den Computer oder die schon genannten mobilen Endgeräte, sondern hat sich davon gelöst. Die digitale Permanenz konstituiert sich in den Dingen selbst. Die Dinge des täglichen Lebens werden im besten Sinne des Wortes „digitalisiert“, sie ver-

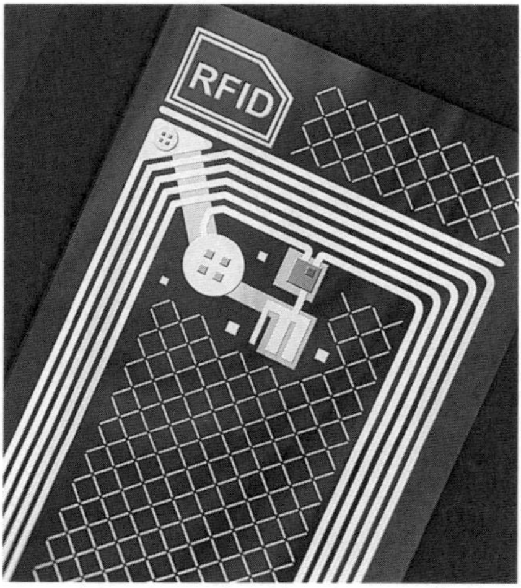


**Abb. 3-15** Mit dieser Technologie fing alles an: Der RFID-Chip sendet Informationen von Dingen und Menschen ins Netz. Er wird in Zukunft noch viel kleiner und billiger werden und praktisch überall zum Einsatz kommen.

schwinden dabei nicht im Virtuellen, sondern bleiben physisch-real, sind aber mit Mikrochips versehen und haben über das Netz Zugang zu allen möglichen Daten. Damit führt das Internet der Dinge zu einem „ubiquitous computing" als einem weiteren Kennzeichen der digitalen Permanenz. Dieser Begriff wurde schon 1988 geprägt und geht davon aus, dass der Computer als Gerät immer mehr in den Hintergrund tritt und stattdessen durch „intelligente" Gegenstände ersetzt wird. Michio Kaku, einer der bekanntesten Physiker und Zukunftsprognostiker aus den USA, behauptet sogar, dass der Begriff Computer bald verschwindet:

> *„Bis 2020 wird das Wort Computer aus unserem Sprachschatz verschwunden sein. Statt eines Chips in einem Computer werden wir Millionen von Chips in all unseren Besitztümern haben: in Möbeln, Autos, Kleidung und allen anderen Dingen des täglichen Lebens."* (55)

Was genau ist das „Internet der Dinge“? Gegenstände des alltäglichen Lebens, aber auch Menschen selbst werden mit winzigen Chips ausgestattet, die sendefähig sind. Damit lassen sich alle Dinge, die mit Chips ausgestattet sind, nicht nur elektronisch verwalten, sondern auch orten und nachverfolgen (56).

Eine allgemeingültige Definition des „Internet der Dinge“ existiert jedoch nicht. Allerdings ist das Konzept auch noch recht neu und gleichzeitig allumfassend. Uckelmann und seine Kollegen beschreiben das Internet der Dinge so:

> *„The Internet of Things is a concept in which the virtual world of information technology integrates seamlessly with the real world of things. The real world becomes more accessible through computers and networked devices in business as well as every day scenarios.“* (57)

Ein immer wieder angeführtes Beispiel und schon fast der Klassiker unter den Anwendungsvorschlägen für das Internet der Dinge ist der „mitdenkende“ Kühlschrank, ein Gerät, das die Milch nachbestellt, sobald die letzte Packung verbraucht ist und die Temperatur nach den Abwesenheiten der Hausbewohner optimiert steuert.

Daneben gibt es eine ganze Reihe weiterer Beispiele, wie die Vernetzung der realen Welt aussehen wird und umgesetzt werden kann. Dabei dient das Internet als Kommunikationsmittel, wenn alle „Dinge“, also physischen Gegenstände, aber auch Menschen (und Tiere) eigene Daten über Mikrochips senden und empfangen. Die Telemedizin ist ein Anwendungsbeispiel für das Internet der Dinge, wenn man denn den menschlichen Körper als Ding bezeichnen möchte. Minicomputer in und am Menschen erheben gesundheits- oder sicherheitsrelevante Daten, gleichen sie ab und senden sie ggf. an den Arzt, die Seniorenbetreuung oder auch nur an den allgemeinen Monitor. Damit lassen sich viele Standardvorgänge automatisieren, die derzeit noch einen nicht unerheblichen externen Anamneseaufwand bedeuten, etwa die Überwachung des Körpergewichts, des Blutzucker- und Blutfettgehalts oder – ganz allgemein – das (permanente) Monitoring des physiologischen Status eines Menschen.

Was wie die totale Überwachung anmuten kann, dient im Idealfall der Sicherheit (bei Kranken und älteren, hilfsbedürftigen Menschen) oder der Vereinfachung von Prozessen (Gewichtskontrolle, Blutanalyse). Doch das dezentrale medizinische Labor ist nur ein Beispiel für „intelligente Dinge". Geräte, Maschinen, Häuser, Menschen, Tiere und Pflanzen sind über Datennetze verbunden und kommunizieren auf einer neuen „Metaebene" miteinander – auf der Basis von digitalen Daten, die eine Vielzahl von implantierten und angeflanschten Mikroprozessoren ständig erheben. Im Internet der Dinge sind Kommunikation und der Datenaustausch aber nur ein Teil des Systems. Der weitaus wichtigere – und in seiner philosophischen Dimension bedeutendere – Teil ist die auf der Grundlage der riesigen Menge an verfügbaren Daten organisierte (Selbst-)Steuerung von Mensch und Maschine. Das, was heute bei der Steuerung von Maschinen (Autos, Flugzeuge, Anlagen) schon selbstverständlich (und akzeptiert) ist, wird ausgeweitet auf alle Lebensbereiche.

Sind die Algorithmen erst einmal festgelegt, wird es schwieriger, die (Selbst-)Steuerung wieder in die eigene Hand zu nehmen. Wird das Internet der Dinge zu einem relevanten Helfer für eine Vielzahl von Anwendungen, besteht der Preis dafür im Verlust von Handlungsautonomie des Einzelnen. Wenn Sie heute in Ihrem Auto mit dem Regensensor kämpfen oder die elektrischen Rollläden Ihrer

Wohnung trotz dunkler Nacht nicht schließen können, bekommen Sie einen kleinen Vorgeschmack auf das, was die Abgabe von Autonomie an Selbststeuerungssysteme auf der Basis von Sensoren bedeuten kann.

Was aber beim Regensensor oder beim Wohnzimmerrollo noch mit einem Schmunzeln bedacht werden kann, erhält bei einer umfänglichen permanenten Verknüpfung über das Internet der Dinge eine Bedeutungsdimension, bei der einem das Lächeln eher zu einem ratlosen Hilfeschrei oder gar einem Entsetzen geraten wird.

Die Interventionsmöglichkeiten bei selbstgesteuerten Systemen auf der Basis von Sensoren und Mikroprozessoren werden immer geringer, je komplexer und umfangreicher die Automatisierung angelegt ist. Wenn der Statusmelder im menschlichen Körper einen Fieberschub sendet, wird man ihn (und sich?) schwer davon überzeugen können, dass man sich gerade pudelwohl fühlt. Und wenn der Notdienst wegen einer Herzattacke anrückt, wird man das System wohl kaum belehren können, dass sich der Senior nur über sein Enkelkind aufgeregt hat.

Der Mensch ist dann nicht mehr er selbst, sondern wird zum Produkt seiner Daten und der daraus abgeleiteten Vorhersagen. Das ist es, wovor Frank Schirrmacher in seinem Buch „Ego: Das Spiel des Lebens“ so plastisch als die Auflösung des Individuums im 21. Jahrhundert warnt:

> *„Wo ein einziges falsches Signal (...) ausreichen kann, das ganze Leben zu zerstören, und die Signale unseres Lebens gleichzeitig digital ständig aufgefangen, gespeichert, ausgewertet oder verkauft werden, beginnt eine Gesellschaft den kalten Krieg mit sich selbst zu führen. (...) Nichts bedeutet mehr, was es ist, und das eigene Leben wird zu einer einzigen Risiko- und Wahrscheinlichkeitsberechnung.“ (58)*

Die digitale Permanenz repräsentiert hierbei eine neue Kommunikationsform, jenseits von Sprache und Informationen. Sie basiert ausschließlich auf digitalen Daten und ihrer multiplen Vernetzung. Dabei wird diese neue Kommunikationsebene allerdings so essenziell, dass (menschliche) Existenz ohne diese digitale Basis nicht mehr vorstellbar ist (► Abb. 3-16).

Diese „Krücke", oder positiver formuliert: die Kommunikationshilfen und -verstärkungen durch das Internet der Dinge in allen ihren Anwendungen werden Teil einer systemimmanenten Struktur und damit gleichzeitig zu einer Bedingung für das Funktionieren von Mensch und Umwelt.

So wie Ihr Auto stehenbleibt, wenn das „Steuergerät" (so nannte man früher die Mikroprozessoren, die die verschiedenen Parameter des Fahrzeugs managen) ausfällt, wird im Zeitalter des Internets der Dinge nichts mehr funk-

**Abb. 3-16** Der Mensch ist Bestandteil des gigantischen allumfassenden Datenstroms und kann von dieser Vernetzung profitieren.

tionieren können, wenn die digitale Basis ausfällt, also die Erhebung der Daten in und an den Dingen (oder am Menschen) durch Mikroprozessoren, ihre Verbreitung über Netze und die Kontextualisierung mit anderen Informationen: Der Kühlschrank ordert die falschen Lebensmittel, Ihr Blutbild scheint völlig daneben, die verlässliche Sensorsteuerung von Kranken spielt verrückt, die Rollläden können nicht mehr bewegt werden, und die Klimaanlage kühlt, obwohl es Winter ist.

Heute rüsten sich nahezu alle Unternehmen für einen Wandel in einer Welt, in der alles digitalisiert und miteinander vernetzt wird. Dieser Wandel vollzieht sich mit kleinsten Sensoren und hauchdünnen Prozessoren unter dem Schlagwort Industrie 4.0. Sogar die Bundesregierung unterstützt die sogenannte vierte industrielle Revolution mit dem „Zukunftsprojekt Industrie 4.0“ (59).

Der nächste konsequente Schritt, der auf das Internet der Dinge folgen wird, ist das Netz der Dinge (The Web of Things) (60). Die Verbindung von realen physischen Dingen des Alltags mit Informationen aus dem Internet und seinen Websites stellt damit eine weitere Stufe der Vernetzung und „Anreicherung“ dar. Es ist absehbar, dass die gigantischen Informationsmengen des Internets mit der realen Welt und ihren Dingen, aus denen sie nun einmal besteht, verknüpft werden und damit ein deutlicher Zugewinn an Nutzbarkeit und Funktionalität entstehen kann.

Das Internet der Dinge als finale Ausgestaltung der digitalen Permanenz weist uns eine Welt voller Vereinfachungen, Hilfestellungen und ungeahnter Möglichkeiten. Doch wie alle Zukunftsvisionen hat das Internet der Dinge zwei Seiten: Die Schaffung von „intelligenten Dingen“ und des sensorgesteuerten Menschen sowie die Verknüpfung untereinander erfolgt auf der Basis digitaler Daten und Netze.

Fallen diese aus, bricht das System der digitalen Permanenz in sich zusammen und damit alle Funktionen, die darauf basieren.

Das ist kein Beinbruch, solange diese Anwendungen noch den Charakter von Gimmicks und Zusatzfunktionen haben. Dann geht unsere Existenz auch ohne diese Technik fröhlich weiter. Wird das Internet der Dinge als letzter Schritt der Manifestation der digitalen Permanenz aber zu einem essenziellen Bestandteil von Lebendem und Nichtlebendem, zu einer immanenten Bedingung des Systems, dann muss die zugrunde liegende Technik zweifelsfrei funktionieren und im Notfall durch Redundanzsysteme gesichert sein. Nur so kann man die vielversprechenden Vorteile der digitalen Permanenz nutzen, ohne das Risiko ihres Ausfalls tragen zu müssen.

Wie bei jeder neuen Technologie (und in diesem Sinn ist das Internet der Dinge nichts anderes als eine neue Technologie) braucht es eine gewisse Zeit, bis sie ausgereift ist und mit hohen Ausfallsicherheiten funktioniert.

Wir können uns im ZdIK der digitalen Permanenz erst dann sicher sein, wenn wir uns widerspruchsfrei und bedingungslos ihrer Anwendungen bedienen und gleichzeitig garantieren können, dass sie im Zweifelsfall redundanzgesichert funktionieren. Neben dieser Funktionssicherung des Internets der Dinge muss die Frage des Verlusts an Autonomie durch diese Systemabhängigkeit geklärt werden. Erst wenn wir uns darüber verständigt haben, zu welchen Zugeständnissen wir bereit sind und wo unsere Schmerzgrenze liegt, sollten wir das Internet der Dinge auch technisch angehen.

Obwohl es größter Anstrengungen bedarf, hege ich wenige Zweifel, dass einst der Zeitpunkt kommen wird, an dem das redundanzgesicherte Internet der Dinge allumfänglich realisiert sein wird. Aber bis dahin lohnt es sich, die Kommunikation der Dinge und Menschen auch noch auf herkömmliche Weise sicherzustellen.

## 3.10 Big Data: Die permanente Überwachung?

Die pausenlose Gesellschaft im Sinne des ZdIK ist erst durch die Existenz von digitalen Daten und durch deren umfassende Durchdringung aller Lebensbereiche manifest geworden. Welche Lebensbereiche davon betroffen sind, wie stark die digitale Permanenz sich jeweils auswirkt und wo sie besonders sichtbar und wirksam wird, ist in den Beispielen der vorangegangenen Kapitel erläutert worden.

Das Thema Big Data allerdings hat im Hinblick auf die Nutzung von digitalen Daten im ZdIK und in seiner Auswirkung auf die pausenlose Gesellschaft die aktuell stärksten Implikationen. Noch ist im Detail nicht klar, wohin uns die Big-Data-Thematik bringen wird, welchen Segen oder Fluch sie dabei mit sich bringt. Einig jedoch ist man sich, dass deren technische Umsetzung (die Realisierung und Anwendung der neuen Technologie Big Data) grundlegende Auswirkungen haben wird und eine gänzlich neue Qualität bedeutet, und zwar nicht nur im Umgang mit der digitalen Information und Kommunikation, sondern auch für das Thema Wahrheit und Richtigkeit von Aussagen sowie deren Generierung.

Das Zeitalter der digitalen Information und Kommunikation (ZdIK) ist mit diesem Themenkomplex in eine neue Phase eingetreten. Dabei existiert für Big Data derzeit keine wissenschaftliche Definition, nur eine Annäherung: „Ursprünglich verstand man darunter eine Informationsmenge, die zu groß für den Arbeitsspeicher des verarbeitenden

Computers geworden war und von den Entwicklern neue Technologien verlangte.“ (61)

Zunächst waren es die riesigen Datenmengen der Naturwissenschaften, die entsprechend bezeichnet wurden.

Das Konzept stammt bereits aus der Zeit kurz nach der Jahrtausendwende, als die drei „V“ von Big Data beschrieben und als abgrenzende Konstituierende zur bis dahin üblichen und bekannten Informationstechnologie entwickelt wurden. „Volume“, „Variety“ und „Velocity“ sind die entscheidenden neuen Dimensionen, die aus „normalen“ Datenmengen und deren Verarbeitung Big Data machen (► Abb. 3-17). Der Analyst Doug Laney hatte dieses Konzept bereits 2001 in einem wissenschaftlichen Beitrag eingeführt (62).

Heute meint der Terminus Big Data nicht nur riesige Datenmengen, die es zu verarbeiten gilt, sondern auch die entsprechenden Verfahren und Algorithmen, die aus diesen Datenmengen Aussagen herauskristallisieren. Big-Data-Software sind Algorithmen, die zur Berechnung statistischer Wahrscheinlichkeiten und zur Simulation von Entscheidungen eingesetzt werden. Statistisch signifikante Korrelationen sind dabei die Basis der Ergebnisse.

Damit deutet sich schon an, dass „Kausalität“ im ZdIK immer weniger wichtig wird, weil durch Big Data „Korrelationen“ an Bedeutung gewinnen, ja für die Ergebnisse der Algorithmen zur wichtigsten und einzigen Kategorie werden und für die Herleitung von Aussagen deren Kausalzusammenhang ersetzen. Die Frage nach dem „Warum“ wird dabei nur noch zweitrangig, wichtiger ist die Erkenntnis, dass überhaupt etwas „ist“.

Mit Big Data, seinen Werkzeugen und Mechanismen lassen sich Aus- und Vorhersagen treffen, die auf Korrelationen der statistischen Daten (der großen Datenmenge also)

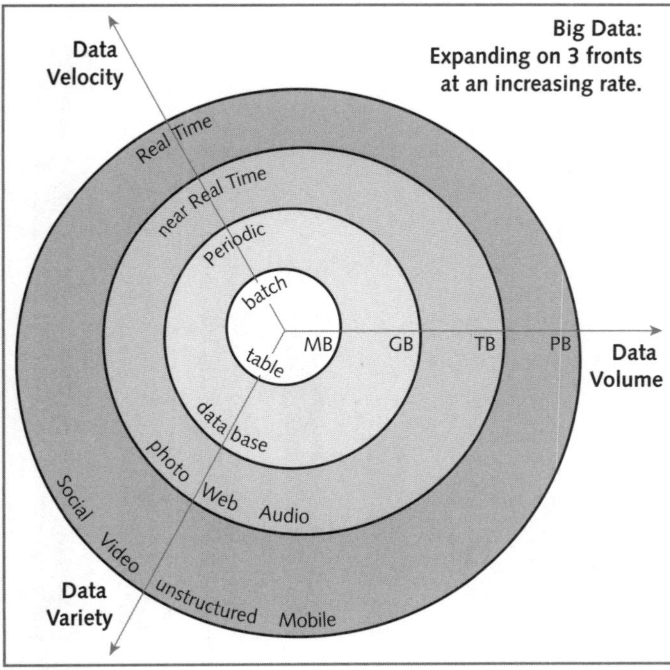


**Abb. 3-17** Die Dimensionen der drei „V" von Big Data (Volume, Velocity, Variety) sowie ihre Abgrenzung und Entwicklung (Quelle: http://blogs.gartner.com/doug-laney/files/2012/01/ad949-3D-Data-Management-Controlling-Data-Volume-Velocity-and-Variety.pdf).

beruhen, die ohne diese Auswertung weder offensichtlich noch möglich gewesen wären. Dabei werden die Aussagen umso genauer, je größer die Datenmenge ist (▸ Abb. 3-18). Big Data funktioniert also tatsächlich nur mit riesigen Datenmengen. „Für 2013 wird die Gesamtmenge gespeicherter Informationen auf 1.200 Exabyte geschätzt, und weniger als 2 Prozent davon sind nicht digital." (63)

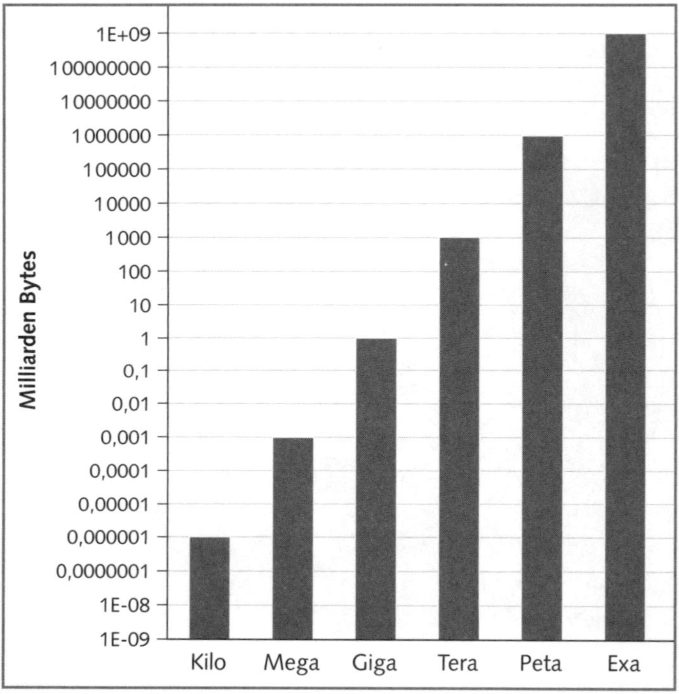


**Abb. 3-18** Kaum vorstellbar sind die Dimensionen der heute produzierten Datenmengen.

Viele Menschen sehen eine Bedrohung darin oder empfinden ein Unbehagen, weil es nun Erkenntnisse gibt, die sich aus der einfachen Kausalität und der Frage „Warum?“ nicht beantworten lassen. Das ist für viele neu und passt nicht in das philosophische Weltbild, das seit zwei Jahrtausenden von aristotelischer Logik und ihrem Kausalitätsbegriff geprägt ist.

Aus diesem Grund wird das Thema Big Data immer wieder angefeindet. Man fürchtet sich vor dieser Art Erkenntnis und hält sie für „Teufelszeug". So hat Frank Schirrmacher, der Mitherausgeber der F.A.Z., in seinem bereits erwähnten Buch „Ego: Das Spiel des Lebens" vor genau dieser Macht der Algorithmen gewarnt – eine Macht, die Algorithmen aber nur haben können, wenn sie die gigantische Datenbasis von Big Data zur Grundlage und damit zur Verfügung haben.

Schirrmacher ist bei seiner Darstellung der Abhängigkeit des Menschen von der Macht der Daten und der daraus gewonnenen Erkenntnisse durch Korrelationen und der Unterstellung, der freie Wille werde damit ausgehebelt, jedoch von der (aristotelischen) Kausalität ausgegangen. Die Möglichkeit neuer Erkenntnisse durch statistische Korrelationen als weitere Wahrheitsoption hat er dabei nicht in Betracht gezogen. Wie formuliert es Mercedes Bunc: „Es gibt jetzt viele Wahrheiten" (64).

Bis ins Zeitalter von Big Data waren die Welt und ihre Ereignisse entweder wahr oder falsch. Vielleicht war die Wahrheit auch nicht bestimmbar, aber sie war nie ein Kontinuum, immer nur eine Momentaufnahme, die zur Bestätigung oder Widerlegung Wochen, Monate, oft Jahre gebraucht hat. Heute ist die Statik der Wahrheit einer Permanenz und Fluidität gewichen, die auf der Basis von riesigen Datenmengen und permanent neu zu setzender Korrelationen beruht. Damit ist scheinbar eine feste Wahrheit nicht mehr möglich, es sind stattdessen permanent viele neue Wahrheiten erlaubt, oder anders formuliert: Die einzige Wahrheit ist die Variation der Wahrheit. Die Heisenberg'sche Unschärferelation aus der Physik, die erklärt, warum der genaue Ort und die genaue Geschwindigkeit von Mikroteilchen, z.B. der Elektronen eines Atoms, nicht exakt bestimmt werden können, sondern immer nur eine Annäherung erlaubt, ist vielfach bemüht worden, die Relativität von Wahrheit zu begründen. Heute erfährt sie im Licht von Big Data eine ganz neue Interpretation. „Die Behauptung vermeintlich ewiger und unveränderlicher Wahrheiten desavouiert zu sehen, gehört zu den elementaren Erfahrungen der Neuzeit." (65) Frank Schirrmacher befürchtet gar, dass am Ende Computer für uns denken und unsere Präferenzen entscheiden. Die Identität des Menschen sei in nichts mehr gegründet, sondern nur noch in seinem Tun präsent. Handeln konstituiere den Menschen: „Der Mensch der Cybermoderne wird an- und abgeschaltet, wenn ihn die Knoten des Netzes von Informationen abtrennen." (66) Angst vor Technik, die sich gegen den Menschen richtet, hat es in der Menschheitsgeschichte aber schon immer gegeben:

> *„Im 20. Jahrhundert, in den 1920er und den 1950er Jahren, lassen sich zwei Konjunkturen moderner Technikkritik feststellen, die bis heute als klassische Referenzen gehandelt werden. Sie gehen von der Beobachtung aus, dass moderne Technik zwar Menschen geschaffen ist, sich aber verselbstständigt hat und sich nun gegen die Menschen richtet." (67)*

Bereits bei Heidegger, so die Philosophin Christine Blättler, sei die Dämonisierung der Technik abzulesen:

> *„Moderne Technik ist ihm die Signatur der industriellen Zivilisation: Dem Menschen fremd, bemächtigt sie sich seines Handelns und Denkens, funktioniert losgelöst und bodenlos, seinsvergessen und nihilistisch und insgesamt weltzerstörerisch."* (68)

Bereits in dieser frühen Sicht Heideggers aus den 1930er-Jahren ist jene Angst vor den „allmächtigen" und sich selbstständig machenden Algorithmen abzulesen, wie Frank Schirrmacher sie in „Ego“ formuliert.

Big Data bedeutet aber nicht „Alle Macht den Algorithmen“. So wie wir auch in vielen anderen Lebensbereichen technische Hilfsmittel einsetzen, um unsere natürlichen Grenzen zu erweitern oder uns Erleichterung zu verschaffen, so können auch Algorithmen eingesetzt werden. Sie sind keine autonomen Monster, die sich den Menschen unterwerfen und ihm ihren eigenen Willen aufzwingen.

Dass technische Hilfsmittel immer missbraucht werden können, ist eine Binsenweisheit. Der Datenmissbrauch der National Security Agency der USA (NSA), die seit vielen Jahren E-Mail- und Handy-Kommunikation nahezu der gesamten Welt mitgeschnitten hat, bedeutet aber keineswegs, dass Big Data eine durch Menschen stärker korrumpierbare Technologie darstellt, als dies andere Technologien tun.

Das ZdIK bietet etliche technische Hilfsmittel, die wir einsetzen können und über deren Einsatz wir als Menschen selbstbestimmt entscheiden (▸Abb. 3-19).

Die Fluidität der Daten und Erkenntnisse erlaubt aber eben auf der Basis von Big Data nur noch Momentaufnahmen.

Big-Data-Erkenntnisse bleiben ihrem Wesen nach unscharf, die Grauzone wird größer. Die Permanenz der Ergebnisse und verfügbaren Daten ergibt eine Fluidität, bei der die Exaktheit einer statischen Aussage scheinbar nicht mehr erreicht wird. Dagegen sind die Aussagen auf der Basis von Korrelationen von Big Data immer aktuell und damit korrekter als statische Aussagen, die nur aufgrund ihrer Momentaufnahme so exakt scheinen. Wenn Sie sich eine Fotografie ansehen, so wirkt diese zunächst ebenfalls „wahrer“, „klarer“ und „eindeutiger“ als ein Film dessel-

**Abb. 3-19** In solchen riesigen Maschinenhallen, die heute Datenzentren heißen, stehen die Maschinen, die Big Data prozessieren: Das Facebook Data Centre.

ben Motivs. Der Film kommt zunächst auch „unschärfer" und weniger eindeutig daher, aber er ermöglicht es Ihnen, das vollständige Bild zu sehen. Sie sehen darin Objekte, die das Foto nicht zeigen kann, sie können Dinge in Bezug setzen, Bewegung wahrnehmen und Veränderungen erkennen. Ganz ähnlich verhält es sich mit den Aussagen aus Big-Data-Korrelationen.

Für das Funktionieren von Big-Data-Aussagen werden riesige Datenmengen benötigt. Programmierer wussten das schon lange, denn für sie gilt: „More data is better data". Je mehr Daten zur Verfügung stehen, desto schneller und präziser können Maschinen (also Algorithmen) sie nutzen und dabei lernen.

Allein durch die gigantische Datenmenge wird eine Permanenz erzeugt. Die pausenlose Gesellschaft im ZdIK ist eine Gesellschaft, deren Prognosen, Erkenntnisse und damit ein Großteil ihrer Handlungsrelevanz aus den Algorithmen der Big Data geschaffen werden. Und das pausenlos und permanent.

> *„Damit unsere Kenntnis der Fakten akkurat bleibt, muss sie laufend aktualisiert werden – und es ist genau diese Veränderbarkeit, die uns mit einem Gefühl der Konfusion und Beunruhigung zurücklässt. Die sich permanent ändernden Fakten müssen falsch sein, schließlich verändert sich die Wahrheit nicht, sie ist zeitlos. Es scheint, dass wir hier immer noch nach den Regeln eines älteren Diskurses denken und uns an eine Logik halten, die uns zwar lange Zeit gute Dienste geleistet hat, die aber im Grunde im Zeitalter der Druckerpresse verhaftet geblieben ist. Denn während der neue Fakt niemals exakter gewesen ist, war er auch nie weniger dauerhaft." (69)*

Die Wahrheit wird also zur statistischen Wahrheit und damit zur gleichzeitigen Wahrheit.

Die digitale Permanenz im ZdIK führt von singulären Exklusiv-Ansprüchen hin zu einer permanenten Massenverfügbarkeit. Der Spezialist ist nicht mehr länger allein mit seiner Expertise, sie ist immer schon im Netz. Das führt zu einer Demokratisierung und einer Gleichzeitigkeit der Informierten. Götter sind von ihren Tempeln gestürzt, die „Götter in Weiß" und auch Menschen in „Talaren" oder „Roben". Die „Inkompetenzvermutung" (70) der Massen gilt nicht mehr.

> *„Erstens: es gibt nicht länger die eine autoritative Stimme, die eine Information zu einem Fakt erklärt, sondern einen Chor vielfältiger Stimmen. Zweitens: Digitale Fakten sind einfach mit anderen Fakten zu verbinden und lassen sich*

*auf die unterschiedlichsten Weisen darstellen. Drittens: Informationen schwärmen aus, sie überziehen unsere Welt, wo wir gehen und stehen. Wissen muss nicht länger auf Vorrat gelernt werden, wird bei Bedarf mit der gewünschten Genauigkeit aktiviert. (...) In der digitalen Welt sind Experten also nicht mehr die Einzigen, die etwas besser wissen. Ihre Autorität wird angegriffen, sie droht von einem vielstimmigen Chor überstimmt zu werden." (71)*

Damit wird Wissen wieder permanent, nur dank der Digitalisierung im ZdIK ist es gleichzeitig, aktuell und permanent verfügbar.

Die gigantischen Datenmengen, die miteinander in Beziehung gesetzt werden können, sind besser als das Expertenwissen: „Das im menschlichen Experten gespeicherte Wissen ist im Vergleich zum digitalen Datensatz nicht akkurat, es ist tendenziell veraltet und zudem nicht so breit gefächert." (72)

So waren es nicht einzelne Geheimdienstspezialisten à la James Bond, die den Konflikt (und später auch das Verhalten der chinesischen Regierung) um die Senkaku-Inseln zwischen China und Japan im Jahr 2013 vorausgesagt haben, sondern die IT-Wissenschaftler der NSA (National Secret Agency). Dazu haben hatten sie alle frei zugänglichen Nachrichten sowie die Internet- und Kommunikationsdaten (nicht deren Inhalte!) in dieser Zeit ausgewertet (73).

Big Data bietet also eine riesige Chance, mehr Erkenntnisse, bessere Erkenntnisse und stets aktuelle Erkenntnisse zu generieren. Dass dazu riesige Datenmengen erforderlich sind und leistungsfähige Algorithmen, die sie prozessieren, sollte niemanden erschrecken. Denn Big Data heißt nicht automatisch „Big Brother".

# Literatur


1 Augustinus: Die Bekenntnisse des Heiligen Augustinus, 11. Buch, 14. Kapitel, Kindle-Ausgabe
2 http://www.youtube.com/watch?v=6ntL6A8loFQ
3 http://www.youtube.com/watch?v=XlYEOjwr_x4 oder http:/www.youtube.com/watch?v=DFVFzb07vWI
4 Godin S: We are all weird. New York: Do You Zoom 2011
5 Rosa H: Beschleunigung. Frankfurt/M.: Suhrkamp 2005, S. 168
6 http://www.spiegel.de/kultur/gesellschaft/frankfurter-rundschau-qualitaetszeitung-meldet-insolvenz-an-a-866984.html
7 http://www.handelsblatt.com/unternehmen/it-medien/reaktionen-merkel-bedauert-ftd-aus/7432014.html
8 http://www.welt.de/wirtschaft/article118371022/Axel-Springer-verkauft-Regionalzeitungen.html
9 Schopenhauer A: Parerga und Paralipomena II. 7. Aufl. Zürich: Diogenes 2007
10 Radkau J: Das Zeitalter der Nervosität. Deutschland zwischen Bismarck und Hitler. München: Hanser 1998
11 Schmid W: Dem Leben Sinn geben. Berlin: Suhrkamp 2013, S. 77
12 http://t-off.khd-research.net/Hist/TK_Chronik2.html
13 http://de.wikipedia.org/wiki/Helikopter-Eltern
14 http://www.sueddeutsche.de/leben/digitale-ueberwachung-die-welt-als-laufstall-1.1594856
15 http://www.faz.net/aktuell/gesellschaft/digitale-ueberwachung-wer-sendet-suendigt-nicht-11933517.html
16 http://www.zeit.de/2011/12/C-Helicopterparents
17 http://www.helpster.de/geotracking-was-ist-das_110963#anleitung
18 Klausnitzer R: Das Ende des Zufalls. Wie Big Data uns und unser Leben vorhersagbar machen. Salzburg: Ecowin 2013, S. 55
19 http://kulturwelle.hu-berlin.de/category/magazin/
20 Spiekermann S: About the Idea of Man in system Design – An Enlightend Version of the Internet of Things? In: Uckelmann D, Harrison M, Michahelles F (eds) Architecting the Internet of Things. Heidelberg: Springer 2011, S. 25

21 Understanding the digital natives: Ericsson Business Review 1–2008, 08.21–24 14.28.14, http://www.ericsson.com/ericsson/corpinfo/publications/ericsson_business_review/pdf/108/understanding_digital_natives.pdf
22 Riederle P: Wer wir sind und was wir wollen. München: Knaur 2013, S. 84
23 Facebook Inc. ist ein US-amerikanisches Unternehmen mit Sitz in Kalifornien. Die Gesellschaft besitzt das soziale Netzwerk facebook. www.facebook.com
24 http://de.wikipedia.org/wiki/Facebook_Inc.
25 Riederle P: Wer wir sind und was wir wollen, a. a. O., S. 107
26 Klein S: Zeit. Der Stoff, aus dem das Leben ist. Frankfurt/M.: Fischer Taschenbuchverlag 2011
27 Rösch H: Wissenschaftliche Kommunikation und Bibliotheken im Wandel. In: B.I.T.online 2 (2004), S. 113–125
28 Spitzer M: Digitale Demenz. Wie wir uns und unsere Kinder um den Verstand bringen. München: Droemer 2012
29 Zitiert nach Passig K, Lobo S: Internet – Fluch oder Segen. Berlin: Rowohlt 2012, S. 118
30 Zitiert nach Passig K, Lobo S: Internet – Fluch oder Segen, a. a. O., S. 118
31 Bunc M: Die stille Revolution: Wie Algorithmen Wissen, Arbeit, Öffentlichkeit und Politik verändern, ohne dabei viel Lärm zu machen. Berlin: Suhrkamp 2012, S. 63
32 Serres M: Erfindet euch neu! Eine Liebeserklärung an die vernetzte Generation. Berlin: Suhrkamp 2013, S. 66
33 http://en.wikipedia.org/wiki/Resource_Description_and_Access
34 Gendolla P: Zeit. Zur Geschichte der Zeiterfahrung. Vom Mythos zur Punktzeit. Köln: DuMont 1992
35 Lexikon des gesamten Buchwesens. Bd. III, 2. Aufl. Stuttgart: Verlag Anton Hiersemann 1991, S. 345
36 Neue Deutsche Biographie (NDB) http://daten.digitale-sammlungen.de/~db/0001/bsb00016339/images/index.html?id=00016339&fip=qrseneayaewqsdasyztsyztsxdsydewqxdsyd&no=&seite=306
37 Münch V: Tag. Ich bin die Zukunft. Bericht über die Buchmesse 2013. In: BIT online 6/2013, S. 484–492

38 Zitiert nach Passig K, Lobo S: Internet – Fluch oder Segen, a. a. O., S. 40
39 Zitiert nach Passig K, Lobo S: Internet – Fluch oder Segen, a. a. O., S. 242
40 Zitiert nach Passig K, Lobo S: Internet – Fluch oder Segen, a. a. O., S. 242
41 Gendolla P: Die Einrichtung der Zeit. In: Gendolla P, Schulte D (Hrsg) Was ist die Zeit? München: Fink 2012, S. 31
42 Nach Gendolla P: Die Einrichtung der Zeit, a. a. O., S. 33
43 Ceynowa K: Kultur ohne Text. In: Hohe Luft 11/2013, S. 53–57
44 Spitzer M: Das (un)soziale Gehirn. Wie wir imitieren, kommunizieren und korrumpieren. Stuttgart: Schattauer 2013, S. 227f.
45 Serres M: Erfindet euch neu! Eine Liebeserklärung an die vernetzte Generation. Berlin: Suhrkamp 2013, S. 18
46 Archambault E et al.; Science-Metrix (Hrsg.): Proportion of Open Access Peer-Review et Papers at the European and World Levels – 2004–2011; August 2013, online abrufbar unter http://www.science-metrix.com/pdf/SM_EC_OA_Availability_2004–2011.pdf
47 Bunc M: Die stille Revolution, a. a. O., S. 30
48 Blumenberg H: Geistesgeschichte der Technik. Frankfurt/M.: Suhrkamp 2009, S. 47
49 Bunc M: Die stille Revolution, a. a. O., S. 76
50 http://www.egovernment-review.org/fileadmin/e-gov/eGov_Rev_1.pdf
51 Beitrag im Rhein-Sieg-Anzeiger, 27.11.2013 (http://www.ksta.de/sankt-augustin/bundesarchiv-das-gedaechtnis-der-bundesregie rung,15189208,22779726.html)
52 http://www.welt.de/regionales/stuttgart/article123230402/ (Elek tronischer-Rechtsverkehr-fuer-schnellere-Verfahren.html)
53 Bunc M: Die stille Revolution, a. a. O., S. 119
54 http://www.abendblatt.de/wirtschaft/article111354027/Bis-2018-gibt-es-3-3-Milliarden-Smartphones-weltweit.html
55 Bolduc B: Captain Michio and the World of Tomorrow. http://online.wsj.com/news/articles/SB10001424052970203960804577239852155894014 (Übersetzung in Auszügen)
56 Siehe auch Bunc M: Die stille Revolution, a. a. O., S. 154f.

57 Uckelmann D, Harrison M, Michahelles F: An Architectural Approach Towards the Future Internet of Things. In: Uckelmann D, Harrison M, Michahelles F (eds) Architecting the Internet of Things. Heidelberg: Springer 2011, S. 2
58 Schirrmacher F: Ego: Das Spiel des Lebens. München: Blessing 2013, S. 145
59 http://www.hightech-strategie.de/de/59.php
60 Guinard D et al.: From the Internet of Things to the Web of Things: resource-oriented Architecture and best practises. In: Uckelmann D, Harrison M, Michahelles F (eds) Architecting the Internet of Things. Heidelberg: Springer 2011, S.S. 97–130
61 Mayer-Schönberger V, Cukier K: Big Data. Die Revolution, die unser Leben verändern wird. München: Redline Wirtschaft 2013, S. 13
62 http://blogs.gartner.com/doug-laney/files/2012/01/ad949-3D-Data-Management-Controlling-Data-Volume-Velocity-and-Variety.pdf
63 Mayer-Schönberger V, Cukier K: Big Data. Die Revolution, die unser Leben verändern wird, a. a. O., S. 16
64 Bunc M: Die stille Revolution, a. a. O., S. 38
65 Blumenberg H: Geistesgeschichte der Technik. Frankfurt/M.: Suhrkamp 2009, S. 79
66 Schirrmacher F: Ego: Das Spiel des Lebens, a. a. O., S. 247
67 Blättler C: List der Technik. In: Zeitschrift für Kulturphilosophie 2013/2, S. 276
68 Blättler C: List der Technik, a. a. O., S. 279
69 Bunc M: Die stille Revolution, a. a. O., S. 62
70 Serres M: Erfindet euch neu! Eine Liebeserklärung an die vernetzte Generation, a. a. O., S. 54
71 Bunc M: Die stille Revolution, a. a. O., S. 38f.
72 Bunc M: Die stille Revolution, a. a. O., S. 49
73 F. A. Z., 31.12.2013, Technik und Motor: Der berechnete Mensch. Seite T2

# 4 Raum und Zeit in der digitalen Permanenz

*Heimlich und hastig*
*Entrinnt uns unbemerkt flüchtig das Leben*
*Schneller ist nichts als die Jahre.*
*Aber wir dachten, es wäre noch so viel Zeit.*
Ovid (1)

Wie wir in den vorausgegangenen Kapiteln gesehen haben, löst sich der Raum in der Virtualität der digitalen Permanenz langsam auf.

Da aber Raum und Zeit eng zusammenhängen, wird damit auch die Zeitdimension eine andere. Sie ist nicht mehr länger an den konkret erfahrbaren Raum gebunden, der seinerseits ja durch die Virtualität schon aufgelöst oder „ent-bunden" ist.

Damit ist auch die Zeit los-gelassen worden, sie ist frei und immer und überall präsent. Im ZdIK ist die Zeit Gleichzeitigkeit geworden, metaphysisch wie konkret: Wenn heute eine international zusammengesetzte (wissenschaftliche) Arbeitsgruppe rund um den Globus Arbeit verteilt, wird sie permanent ausgeführt: Losgelöst von Raum und Zeit, ist immer ein Teil der Arbeitsgruppe präsent und verfügbar. Aufgaben werden rund um die Uhr abgearbeitet und Beiträge geliefert. Es gibt keinen Stillstand mehr und keine Pause in der digitalen Permanenz, keinen begrenzten Zeit-Raum mehr. Zeitkategorien wie „morgen" oder „gestern" werden unwichtig, wenn sich durch die digitale Permanenz alles in der Gleichzeitigkeit verdichtet.

Der Beschleunigungsprozess „erweist sich auf den ersten Blick natürlich als Prozess einer beispiellosen globalen Synchronisierung. Die sinnbildliche Verdichtung des Globalisierungszeitalters ist das ortlose, u-topische Internet, in dem alle Ereignisse weltweit gleichzeitig stattfinden." (2)

Ob wir nun die rund um den Globus verteilte Arbeit an einem Wissenschaftsprojekt als Auflösung von Raum und Zeit interpretieren oder aber als Existenz von Parallelwelten und Parallelzeiten erleben, ist zweitrangig. Fest steht, dass Parallelwelten und Parallelzeiten nun mithilfe technischer Dimensionen in der Virtualität Realität werden können. Zeitkreisläufe und verwobene Zeitstrukturen sind nicht mehr länger nur gedacht oder geträumt, sondern in Abgrenzung zum Zeitmythos des Mittelalters real geworden.

Dabei geht es gerade eben nicht darum, in immer kleineren Zeiteinheiten immer mehr Ereignisse zu konzentrieren. Die digitale Permanenz schafft die Zeit im alten Sinne ab, sie ist als Maßeinheit überholt und wird vergleichzeitigt. Es gibt dann viele, ja unendlich viele Zeiten und Räume.

Die Zeitverfügbarkeit in der Linearität ist aber bald an ihre Grenze gestoßen, sie arbeitet in und mit der äußeren Zeit. Und sie arbeitet gegen sie an und sich an ihr ab. Dabei entsteht eine Zeit-Raum-Kompression (3) als eine Verdichtung und Vergleichzeitigung von Ereignissen und Zeiträumen. Als Alternative bleibt die Eröffnung von Paralleloptionen und beliebig vieler Paralleluniversen.

Ob das Glück des Menschen die Bedienung möglichst vieler Paralleloptionen ist oder doch die Überwindung der äußeren Zeit und die Konzentration auf die Unendlichkeit Gottes, wie es Augustinus predigt, kann nicht entschieden werden.

Präsenz zu spüren bedeutet das Bewusstsein seiner selbst (4). Die Achtsamkeit auf den gegenwärtigen Moment macht das bewusste Erleben möglich. Digitale Permanenz als simples Multitasking zu interpretieren wird dem wahren Kern des ZdIK aber nicht gerecht.

Das Gefühl, das Leben vergehe viel zu schnell, das ab einem Alter von 40 Jahren nachgewiesen und bei Jüngeren aufgrund der großen stärkeren emotionalen Erlebnisse weniger stark ausgeprägt ist, kann durch Konzentration in der Einlinearität viel früher eintreten, da emotional tief empfundene Ereignisse dadurch seltener stattfinden.

Durch erhöhte Konzentration und Achtsamkeit kann man die Zeit gewissermaßen dehnen und damit tiefer und nachhaltiger erlebbar machen.

Wenn der Mensch keine Zeit hat, hat er sich selbst verloren, postuliert Hartmut Rosa (5). Die digitale Permanenz im ZdIK hingegen schafft Zeit und Zeiten, sie verdichtet nicht die Ereignisse, sondern schafft Entlastung durch Parallelwelten.

Für uns Menschen des 21. Jahrhunderts klingt es ungewohnt und fast esoterisch, dass die Vorstellung von der Unabgeschlossenheit des eigenen Lebens wie auch der des umgebenden Seins im mittelalterlichen Denken noch verankert und selbstverständlich war (6). Erst seit der Neuzeit mit ihrem eigenen linearen Zeitbegriff wird die Idee des unabgeschlossenen Zeitkreislaufs als fremd empfunden.

Der Philosoph Gottfried Wilhelm Leibniz (1646–1716) formulierte einen Zusammenhang von Zeit und Kausalität. Eine „unabhängige Zeit", wie sein Zeitgenosse Isaac Newton (1643–1727) sie sah, gab es nach Leibniz nicht (7). In der digitalen Permanenz wird dieser Zusammenhang aufgelöst. Ein kausaler Zusammenhang ist nicht mehr nötig, die Zeit als serielle Abfolge ist vorbei und wird abgelöst durch ein Kontinuum von Parallelwelten und Parallelzeiten. Die Gleichzeitigkeit schließt eine „einfache" Kausalität als Begründung und Grundlegung der Zeit (und der gefühlten Abfolge) aus.

Die digitale Permanenz macht es uns möglich, heute wieder zurückzukehren zum Kreislaufdenken des Mittelalters. Immer weniger wichtig wird das Ende, immer seltener zielen Menschen, Arbeit und Dinge auf ein Ende, alles wird offen und zum Dauerthema, das ganze Leben ist in der digitalen Permanenz zum Projekt geworden, das mit Folgeprojekten versehen, unabschließbar wird.

In der Zukunft offen, erweitert die digitale Permanenz den Endlosstrom in die Breite und in die Paralleluniversen, die prinzipiell unabschließend sind. Wenn Beschleunigung ein wesentliches Merkmal der Postmoderne war, dann war das Ziel das Immer-schneller-und-weiter. Ist auf dem linearen Zeitstrahl aber die Beschleunigungsoption ausgereizt und läuft die lineare Beschleunigung bereits am Limit, ist kein Zuwachs in dieser Dimension mehr möglich. Nach der Beschleunigung kommen deshalb Multitasking, Gleichzeitigkeit, Paralleluniversen und multioptionale Breite.

Der nächste Schritt ist ein technischer: Die digitale Permanenz verspricht die Erhöhung der Optionen, die Beschleunigung der Beschleunigung und die prinzipiell unbegrenzte Anzahl der zeitlichen Paralleluniversen im digitalen Raum.

Ein Ausbrechen und Sichtbarmachen von alternativen Raum- und Zeitstrukturen war bislang nur der Kunst möglich. In allen anderen Bereichen war die zeitliche Sukzession unabdingbar und sind Vergangenheit, Gegenwart und Zukunft in ihrer Abfolge unumkehrbar.

Erst die Allgegenwärtigkeit der Datennetze als Voraussetzung für die endgültige digitale Permanenz greift dieses Phänomen dialektisch auf und ermöglicht jetzt alternative Raum- und Zeitkonzepte jenseits künstlerischer Verfremdung. Erneut ist eine „neue“ äußere Zeit konstitutiv für das Leben nach der Postmoderne, während gleichzeitig der

Glockenschlag – als Zeichen einer alten Zeitrechnung nur „einfach“ linear und nicht parallelweltlich orientiert – quasi unwichtig wird.

So ähnlich, wie Nietzsche sich darüber beschwert, dass seine Zeitgenossen sich keine Zeit mehr für das Nachdenken nehmen oder dieses gar zeitlich begrenzen oder einschränken, schämt sich der Mensch des 21. Jahrhunderts, wenn er nicht an der digitalen Permanenz teilnimmt oder sich ihr gar aktiv verweigert: „Man schämt sich jetzt schon der Ruhe; das lange Nachsinnen macht beinahe Gewissensbisse. Man denkt mit der Uhr in der Hand (...).“ (8)

Noch niemand allerdings hat die digitale Permanenz in ihrer strukturlosen Netzkultur verstanden und als die Überwindung der Einlinearität und Eindimensionalität der modernen Zeitvorstellung interpretiert. Damit wird auch die Raumvorstellung wieder konkret „unendlich“. Die Beschleunigung verdichtet den Raum, bis er in der digitalen Permanenz aufgelöst scheint. In der Überwindung der zeitlichen Eindimensionalität und Einlinearität wird auch der Raum wieder offen und überwindet seine Begrenztheit. Im ZdIK ist der Raum abgeschafft und gleichzeitig unendlich geworden.

Damit einher geht die Kritik, dass die digitale Permanenz eine Kultur des oberflächlichen Multitasking schaffe, eine gehetzte Gesellschaft, die in immer kleinere Zeitanteile immer mehr Inhalte unterbringen möchte.

*„Der Eindruck der Atemlosigkeit, den diese Zeit vermittelt, ergibt sich aus dem ontologisch fragwürdigen Versuch, immer mehr Möglichkeiten in einer immer enger erscheinenden Wirklichkeit unterbringen zu wollen. Immer neue Techniken werden dafür genutzt, in schneller Abfolge möglichst viel zu realisieren: Rasch noch ein Meeting abhalten, telefonisch*

*eine Verabredung treffen, einkaufen gehen, die Kinder von der Schule abholen, sie zum Sport bringen, bei einer Freundin vorbeischauen, Essen machen, vielleicht dank eines Babysitters ins Kino gehen, immer mit dem Gefühl, noch viel mehr, anderes, Neues müsste möglich sein." (9)*

Ob der Wechsel von Seriell- zu Simultanstrukturen als Strategie einen möglichen Ausweg bietet, wird sich zeigen. Auch die Frage, ob dies nur scheinbar oder tatsächlich umsetzbar ist, bleibt noch offen. Dennoch bietet die Auflösung von Raum und Zeit im ZdIK als Option der Simultanstrukturen eine Abkehr von der Einlinearität und wendet sich hin zu den verwobenen Zeitkreisläufen des Mittelalters.

Die digitale Permanenz zeigt den vollgestopften Zeitplänen einlinearer Abläufe einen Ausweg. Sie hebt deren Begrenztheit auf und wendet die Empfindung von Dörpinghaus („Wir werden nicht mehr in Räume, sondern in Zeiten gesperrt, unmerklich, als seien wir in der Zeitgestaltung frei" [10]) ins Positive.

Die Konzentration der Zeit in ihrer Einlinearität wird immer größer: Mit neuester Technologie bemüht sich die Menschheit, Zeit und Raum zu verdichten und damit zu überwinden.

Im ZdIK erlaubt die digitale Permanenz aber genau das Gegenteil: Die Schaffung von Parallelwelten überwindet die Last der Verdichtung und lässt uns zurückkehren zum Prinzip der Entwicklungsgeschichte der Erde oder gar des Universums: der permanenten Ausdehnung.

Die digitale Permanenz macht frei. Sie macht unabhängig von Raum und Zeit, erlaubt beliebig viele Parallelwelten, Parallelzeiten und ermöglicht Parallelräume. Die Sorgen von Dörpinghaus („Doch der Fortschritt schafft auch dies: Zeit ohne Welt. Wir gehen sorglos mit ihr um, weil es sie im Grunde genommen gar nicht mehr für uns gibt, wir unterwerfen sie unserer Zeit und richten sie hin" [11]) sind zerstreut. Die digitale Permanenz braucht keine Welt mehr, sondern stellt eine Vielzahl virtueller Parallelwelten für uns bereit, die sie unterhält und bestückt.

Die digitale Permanenz richtet keine Welt hin, sondern sie errichtet unendlich viele und vielgestaltige. Sie macht uns auch nicht krank (12)[1], sondern hebt die Begrenztheit der Einlinearität der Zeit auf und führt zurück in die Geborgenheit eines Kreislaufs, in dem alles mit allem verwoben ist und das Ende des Einen den Beginn eines Neuen meint.

## Literatur


1 Ovid: Metamorphosen, 10. Buch. Zürich: Diogenes 1998
2 Rosa H: Beschleunigung. Frankfurt/M.: Suhrkamp 2005, S. 48
3 Harvey D: The Condition of Postmodernity. Oxford: Wiley-Blackwell 1990, S. 240
4 Wittmann M: Gefühlte Zeit. München: Beck'sche Reihe 2012, S. 49
5 Rosa H: Beschleunigung. Frankfurt/M.: Suhrkamp 2005
6 Gendolla P: Die Einrichtung der Zeit. In: Was ist die Zeit? Gendolla P, Schulte D (Hrsg). München: Fink 2012, S. 16
7 Padova T de: Leibniz, Newton und die Erfindung der Zeit. München/Zürich: Piper 2013


1 „Am Ende bleibt von dem, was wir Zeit nennen, nur noch ein Dispositiv, ein Zerrbild ihrer selbst, das uns nicht zur Ruhe kommen lässt, uns durch das Leben treibt, um uns einer unumstößlichen Ordnung einzuverleiben, die uns krank macht und unserem Leben fremd bleiben muss." (12)

8 Nietzsche F: Die Fröhliche Wissenschaft, zitiert nach Dörpinghaus A, Uphoff IK: Die Abschaffung der Zeit. Darmstadt: Wissenschaftliche Buchgesellschaft 2012, S. 55
9 Schmid W: Dem Leben Sinn geben. Berlin: Suhrkamp 2013, S. 97f
10 Dörpinghaus A, Uphoff IK: Die Abschaffung der Zeit. Darmstadt: Wissenschaftliche Buchgesellschaft 2012, S. 145
11 Dörpinghaus A, Uphoff IK: Die Abschaffung der Zeit, a.a.O., S. 6
12 Dörpinghaus A, Uphoff IK: Die Abschaffung der Zeit, a.a.O., S. 150

Bisher in der Reihe erschienen:

**Thomas Bergner:** Endlich ausgebrannt!

**Thomas Bergner:** Gefühle

**Thomas Bergner:** Schein oder Sein?

**Hans Biedermann:** Die Drillinge des Doktor Freud

**Rainer Bösel:** Klugheit

**Valentin Braitenberg:** Das Bild der Welt im Kopf

**Valentin Braitenberg:** Information – der Geist in der Natur

**Carsten Bresch:** Evolution

**Alois Burkhard:** Achtsamkeit

**Peter Fiedler:** Verhaltenstherapie mon amour

**Heinz Hilbrecht:** Meditation und Gehirn

**Josef Eduard Kirchner:** Kinder, Kinder ...!

**Reinhart Lempp:** Generation 2.0 und die Kinder von morgen

**Michael Stefan Metzner:** Achtsamkeit und Humor

**Jürgen G. Meyer:** Darwin, Mendel, Lamarck & Co.

**Johann Caspar Rüegg:** Mind & Body

**Johann Caspar Rüegg:** Die Herz-Hirn-Connection

**Mirjam Schmitz:** Instinkt

**Manfred Spitzer:** Aufklärung 2.0

**Manfred Spitzer:** Dopamin & Käsekuchen

**Manfred Spitzer:** Nichtstun, Flirten, Küssen

**Manfred Spitzer:** Das (un)soziale Gehirn

**Manfred Spitzer:** Rotkäppchen und der Stress

**Manfred Spitzer und Wulf Bertram:** Hirnforschung für Neu(ro)gierige

# Leseprobe

aus dem Wissen & Leben-Band
„Rotkäppchen und der Stress" von Manfred Spitzer

## 4 Zeit verschenken, um Zeit zu haben

Wer Geld oder Sachen verschenkt, besitzt hinterher weniger. Wer hingegen Liebe, Vertrauen oder Bildung schenkt, hat hinterher selbst *mehr* davon. Bei der Liebe versteht man das fast unmittelbar. Beim Vertrauen muss man etwas nachdenken, was nicht zuletzt Ökonomen getan haben (die Schriften des Ökonomie-Nobelpreisträgers Amartya Sen; 4). Bei der Bildung ist die Sache wieder einfach, denn wie jeder weiß, lernt man etwas am nachhaltigsten, indem man es lehrt. Oder wie ich während meiner einzigen Appendektomie anlässlich einer Famulatur in Australien gelernt habe: „See one, do one, *teach* one". (Zum Lehren bin ich damals allerdings nicht mehr gekommen; und glücklicherweise hatte ich zuvor auch schon mehr als eine gesehen.)

Manches vermehrt man also, indem man es verschenkt. Dass es sich mit unserer Zeit so verhalten soll, leuchtet dagegen gar nicht ein: Meine Zeit ist ein sehr knappes Gut und je mehr von meiner Zeit ich hergebe, desto weniger habe ich übrig. So zumindest verhält es sich bei erster Betrachtung der Dinge ohne jeden Zweifel. „Zeit ist Geld und Geld haben wir keines" – Sprüche wie dieser verweisen darauf, dass wir unsere Zeit meist unter dem Gesichtspunkt der Ökonomie betrachten und dabei eher den plumpen Wildwestkapitalismus und eher nicht den Ökonomen Sen im Sinn haben. Arbeit erfolgt im *Zeittakt* oder unter *Zeitdruck*; bezahlt wird nach Leistung, und die ist – das haben wir in der Physik (Klasse 8) gelernt – Arbeit *pro* Zeit. Und weil wir alle viel leisten müssen, haben wir alle zu viel zu tun und zu wenig Zeit dafür. Dies hat auch die Wissenschaft festgestellt (1, 3).

Vielleicht liegt unsere Zeitknappheit aber auch nur an der – falschen – ökonomischen Perspektive! Ein Argument, warum dies so sein könnte, wird von Mogilner und Mitarbeitern (2) etwa wie folgt formuliert: Mit Nichtstun verbrachte Zeit zieht sich dahin – man denke nur an das erzwungene Nichtstun beim Warten auf irgendetwas oder irgendwen. Langweilige Zeit vergeht also langsam, aber nur im unmittelbaren Erleben. Im Nachhinein ist diese Zeit kaum in unserem Gedächtnis vorhanden, wir wissen kaum, was war, und genau deswegen erleben wir sie als sehr schnell vergangen. Bei solchen subjektiven Urteilen muss man immer berücksichtigen, worum genau es geht, die Beurteilung der aktuellen Zeit, der vergangenen oder der zukünftigen.

Entsprechend gilt für die mit Erlebnissen und Taten ausgefüllte Zeit, dass sie subjektiv sehr rasch vergeht. Im Nachhinein wird ein solcher „voller" Zeitraum so empfunden als sei die Zeit langsam vergangen, denn es war ja „so viel los". Wie schnell die Zeit vergangen ist und wie viel Zeit wir „gefühlt erleben", ist damit keine Frage von Sekunden, Minuten oder Stunden, sondern eine Frage der *Ausfüllung* der Zeit.

Nun ist es Teil der Lebenserfahrung (und durch entsprechende wissenschaftliche Studien übrigens auch gut belegt; 5), dass Menschen am liebsten Zeit mit anderen Menschen verbringen. Zudem erleben sich Menschen ungern als Sklaven oder Knechte, sehr gern hingegen als selbstbestimmt und frei. Wenn einer also einem anderen aus freien Stücken hilft, dann sollte ihm dies das Erlebnis von sehr produktiver ausgefüllter Zeit daraus erwachsen. Und je mehr jemand das Gefühl hat, dass er seine Zeit produktiv verbracht hat, desto mehr Zeit wird er seinem Erleben nach zur freien Verfügung haben.

Dass dieser Zusammenhang von Freiheit, Selbstbestimmung und Zeit tatsächlich für unser Erleben eine Rolle spielt, wurde nun kürzlich experimentell überprüft. Insgesamt vier Experimente belegen empirisch, dass mit anderen Menschen helfend verbrachte Zeit die Menge an gefühlter, verfügbarer eigener Freizeit steigert.

Im ersten Experiment wurden 218 Studenten im mittleren Alter von knapp 21 Jahren (58 % weiblich) fünf Minuten vor dem Ende eines einstündigen Laborpraktikums gebeten, eine kleine Aufgabe zu erledigen: Nach randomisierter Verteilung in zwei Gruppen bekam die eine Gruppe die Aufgabe, einen aufmunternden Brief an ein schwer krankes Kind zu schreiben, der später tatsächlich per E-Mail an das Kind geschickt wurde. Die andere Gruppe bekam die Aufgabe, in einem mehrseitigen lateinischen Text jeweils den Buchstaben „e" durchzustreichen. Es ging also letztlich um Auswirkungen der Art, wie man seine Zeit verbringt: Die eine Gruppe tat etwas Sinnvolles, die andere betrieb 5 Minuten Zeitverschwendung. Danach mussten alle Teilnehmer des Versuchs insgesamt 4 Aussagen zu ihrem Zeiterleben auf einer Skala von 1 (trifft definitiv zu) bis 7 (trifft definitiv nicht zu) bewerten. Eine dieser Aussagen lautete beispielsweise „meine Zukunft erscheint mir unendlich".

Obgleich die Teilnehmer in beiden Gruppen die gleiche Menge an Zeit, nämlich fünf Minuten, für die Zusatzaufgabe verbrauchten, gab es einen Unterschied in der Wahrnehmung der eigenen Zeit: Diejenigen, die den Brief an ein krankes Kind geschrieben hatten, gaben an, dass sie über mehr Zeit verfügten als diejenigen, die ihre Zeit verschwendet hatten (Abb. 4-1).

Nun könnte es sein, dass das Durchstreichen des Buchstaben „e" einfach weniger Spaß macht als das Schreiben eines Briefs. Um den Gründen für das Ergebnis von Experiment 1 weiter nachzugehen, wurde eine Feldstudie an 150 Personen (Durchschnittsalter knapp 40 Jahre, 74 % weiblich) durchgeführt. In dieser Studie sollten zwei Fragen beantwortet werden: Zum einen ging es darum, ob das Gefühl, Zeit zu haben, von der Menge an Zeit abhängt, die

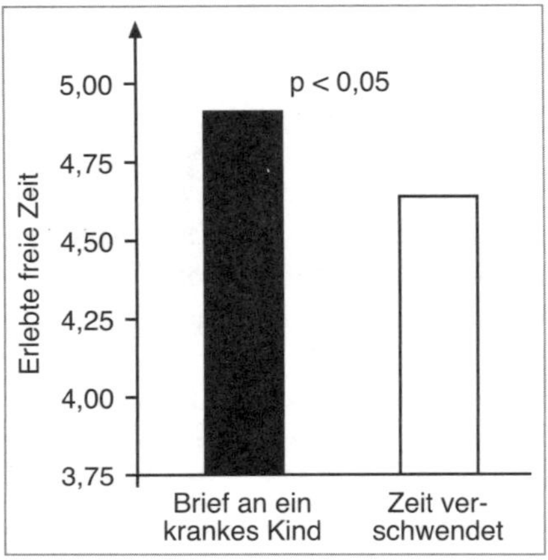


Abb. 4-1 Erlebte künftig zur Verfügung stehende Zeit nach 5 Minuten Hilfe für einen anderen Menschen oder nach 5 Minuten Zeitverschwendung. Der Unterschied war mit $p < 0{,}05$ signifikant (nach Daten aus 2).

man für irgendeine andere Aufgabe verbraucht hat. Zum Zweiten sollte geklärt werden, was es für die von uns gefühlt zur Verfügung stehende Zeit bedeutet, wenn man Zeit *für sich selbst* hat, oder Zeit für einen anderen Menschen einsetzt. Man würde annehmen, dass diejenigen, die Zeit für sich selbst verwenden, das Gefühl haben, mehr Zeit zu haben, und dass im Gegensatz dazu mit anderen verbrachte Zeit das Gefühl hervorruft, weniger Zeit zu haben. Nicht zuletzt wird ja sehr häufig geklagt, dass man einmal *mehr Zeit für sich selbst* haben müsse.

Die Studie wurde in einem randomisierten 2×2-Design mit Gruppenvergleich durchgeführt. An einem Samstagmorgen wurden die Teilnehmer aufgefordert, sich entweder 10 Minuten oder 30 Minuten Zeit für sich selbst zu nehmen. Die andere Bedingung bestand darin, dass die Probanden aufgefordert wurden, sich 10 oder 30 Minuten Zeit zu nehmen, um heute für einen anderen Menschen etwas zu tun, das zuvor nicht geplant war. Am Abend des gleichen Tages mussten alle Versuchsteilnehmer wieder über ihre Zeit berichten, wie im ersten Experiment. Es ging also erneut darum, wie sie subjektiv ihre Zeit erleben und ob sie eher über mehr oder weniger Zeit verfügen.

Experiment 2 zeigte einen klaren Effekt der Variable „selbst versus anderer Mensch“, jedoch keinen Effekt der Zeitdauer. Wer aufgefordert worden war, seine Zeit dadurch zu verbringen, dass er für einen anderen Menschen etwas tut, hatte hinterher – subjektiv erlebt – signifikant ($p < 0{,}02$) *mehr* Zeit als derjenige der aufgefordert worden war, Zeit für sich zu verbringen (Abb. 4-2).

Das Ergebnis dieser Studie war damit kontraintuitiv, sollte man doch denken, dass für sich selbst verbrachte Zeit zu dem subjektiven Erleben führt, mehr Zeit zu haben. Dies ist jedoch nicht der Fall. Demgegenüber führt das Verbringen von *Zeit für andere* zu dem Erleben, *selber* mehr Zeit zu haben. Es verhält sich mit der Zeit also ähnlich wie mit dem Geld. Wie schon an anderer Stelle einmal berichtet (6), führt das Geldausgeben für andere dazu, dass man selber glücklicher wird. Und entgegen der Erwartung ist es nicht so, dass das Ausgeben von Geld für einen selbst das eigene Glück erhöht. Zudem hing das Glück nicht von der Geldmenge ab.

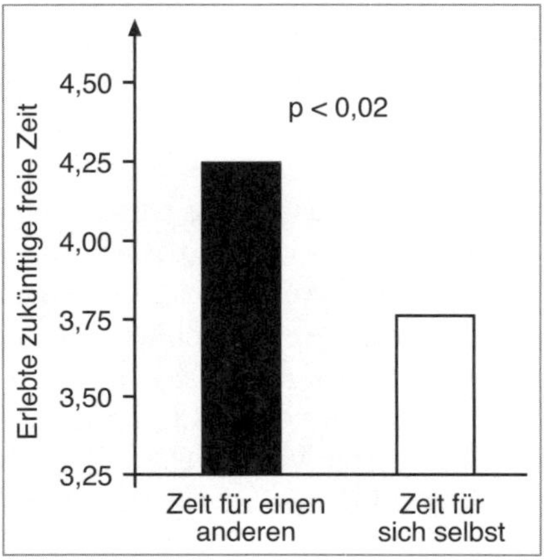


Abb. 4-2 Ergebnisse von Experiment 2 (nach Daten aus 2): Das „gefühlte“ Ausmaß an künftig verfügbarer Zeit ist größer, wenn man gerade Zeit für jemand anderen verbracht hat (linke Säule) als wenn man Zeit für sich selbst verbracht hat (rechte Säule).

Im dritten Experiment wurde der Unterschied zwischen dem Hergeben von Zeit und dem Bekommen von Zeit getestet. In einer Laborsituation wurden die Teilnehmer zufällig zwei Bedingungen zugeteilt: Die einen mussten einer anderen Person helfen, die anderen hingegen durften einfach früher gehen. Erfragt wurde diesmal nicht die gefühlte Menge an zukünftig zur Verfügung stehender Zeit, sondern es wurde gefragt, wie viel Zeit jeder Teilnehmer im Moment gerade habe. Die Einschätzung der eigenen zukünftigen Zeit erfolgte durch Verhaltensmessung: Die Teilnehmer hatten am Ende des Experiments die Möglichkeit, sich in eine Liste einzutragen, in dem es um die Teilnahme an einem Online-Experiment in der nächsten Woche ging. Auch hatten sie die Möglichkeit anzugeben, wie viel Zeit sie für das Experiment zur Verfügung hätten und konnten zwischen 0, 15, 30 und 45 Minuten wählen. Tatsächlich wurde dann in der nächsten Woche auch ein solches Experiment durchgeführt und es wurde gemessen, wie viel Zeit jeder Teilnehmer tatsächlich dafür aufbrachte.

Das Experiment wurde wie folgt praktisch durchgeführt. Im Rahmen einer einstündigen Laborsitzung wurde den insgesamt 136 Versuchsteilnehmern (mittleres Alter ca. 20 Jahre, 58 % weiblich) mitgeteilt, dass sie für die letzten 15 Minuten schwachen Schülern aus einer nahe gelegenen Schule dabei helfen sollten, einen Aufsatz zu überarbeiten. Die Hälfte der Studenten bekam dann je einen Aufsatz und einen Rotstift, um den Aufsatz zu überarbeiten. Der anderen Hälfte wurde mitgeteilt, dass die Überarbeitungen bereits erfolgt seien und dass sie deswegen eine Viertelstunde früher nach Hause gehen könnten. Dann mussten alle Versuchsteilnehmer noch zwei Fragen beantworten: Die Aussage „Zeit ist mein knappstes Gut“ sollte auf einer Skala von 1 (stimmt gar nicht) bis 7 (stimmt definitiv) bewertet werden. Zum Zweiten sollte die Frage „wie viel Freizeit haben Sie zur Verfügung?“ auf einer Skala von minus 5 (sehr wenig) bis plus 5 (sehr viel) beantwortet werden.

Die Studie basierte aber nicht nur auf Einschätzungen und Fragen, sondern auch auf der Messung tatsächlichen Verhaltens: Wie viel ihrer Zeit würden die Teilnehmer in der nächsten Woche für ein bezahltes Experiment verwenden und (auch dies wurde untersucht) wie gut würden sie ihre Eintragung auf der Liste auch einhalten. Tatsächlich zeigte sich hier, dass das Verhalten dem Erleben folgt: Diejenigen Teilnehmer, welche die Viertelstunde damit verbrachten, einem schwachen Schüler bei seinem Aufsatz zu helfen, gaben an, dass ihre Zeit weniger knapp sei als diejenigen, die freie Zeit bekamen.

Das tatsächliche Verhalten zeigt Abbildung 4-3: Diejenigen, die 15 Minuten einem Schüler geholfen hatten, trugen sich für einen längeren Zeitraum zur Teilnahme am

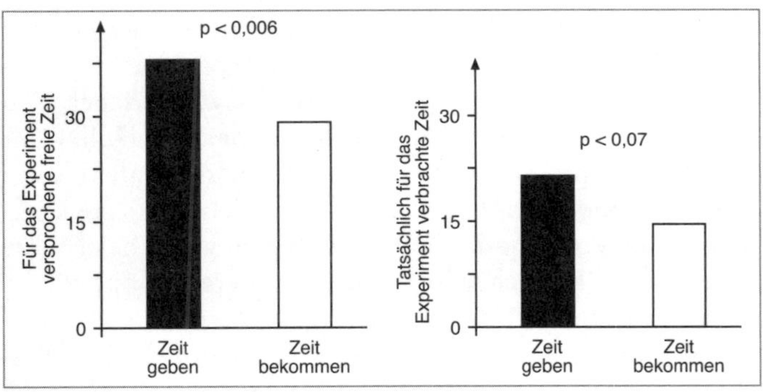


Abb. 4-3 Wer anderen hilft, erlebt mehr Zeit zu haben als derjenige, der freie Zeit bekommt (nach 2). Oben ist die Zeit, zu der sich die Probanden für ein Experiment verpflichteten in Abhängigkeit davon, ob sie gerade 15 Minuten für jemanden gearbeitet oder 15 Minuten Freizeit bekommen hatten, dargestellt. Unten ist die dann die tatsächlich in der folgenden Woche durch die Teilnahme am Experiment verbrachte Zeit grafisch zusammengefasst.

Online-Experiment in der nächsten Woche in die Liste ein und verbrachten auch tatsächlich mehr Zeit mit diesem Experiment.

Es zeigt sich also das zunächst paradox erscheinende Resultat, dass diejenigen, die objektiv 15 Minuten Freizeit geschenkt bekommen hatten, ihre Zeit als knapper erlebten und angaben, weniger Zeit zu haben. Darüber hinaus hatten diese Personen dann auch tatsächlich 7 Minuten weniger Zeit in der nächsten Woche für eine weitere Aufgabe. Die Autoren kommentieren ihr Ergebnis zudem wie folgt: „Bereits vorliegende Ergebnisse legen nahe, dass induziertes prosoziales Verhalten zu einer Vermehrung von zukünftigem prosozialen Verhaltens führen kann (…). Unsere Ergebnisse zeigen, dass mit prosozialer Aktivität verbrachte Zeit die Menge an künftiger, eigener Aktivität vergrößert, unabhängig davon, ob diese Aktivität prosozial ist oder nicht" (2, Übersetzung durch den Autor).

In einem vierten Experiment wurde der Einfluss des Erlebens von *Selbstwirksamkeit* auf das Erleben der eigenen Zeit untersucht. Insgesamt 105 Versuchspersonen (Durchschnittsalter 34 Jahre, 56 % weiblich) wurden per Online-Dienst rekrutiert und erhielten einen US-Dollar für ihre Teilnahme. Sie wurden zunächst per Zufall in zwei Gruppen eingeteilt: Alle sollten beschreiben, wie sie kürzlich einmal etwas anderes als gewöhnlich getan hatten, die eine Gruppe für sich selbst und die andere Gruppe für jemand anderen.

Die Wahrnehmung der eigenen Zeit wurde mittels Fragebogen erfasst, der Behauptungen wie beispielsweise „ich habe sehr viel Freizeit" enthielt, die auf einer Skala von 1 (stimmt gar nicht) bis 5 (stimmt definitiv) eingeschätzt werden mussten. Die Selbstwirksamkeit wurde ebenfalls mittels Fragebogen erfasst, der das Ausmaß erfragte, in dem die Probanden ihre für irgendetwas eingesetzte Zeit als fähig, kompetent und sinnvoll erachteten. Zusätzlich zur

Selbstwirksamkeit wurden in diesem Experiment noch die *soziale Verbundenheit* (in welchem Ausmaß fühlen Sie ihre Zeit liebend, geliebt und mit anderen verbunden verbracht?), die *Sinnhaftigkeit* und der *Spaß* des eigenen Tuns erfragt.

Wieder zeigte sich, dass diejenigen Probanden, die ein Erlebnis des Zeit-Habens für andere berichteten, angaben, über mehr freie Zeit zu verfügen als diejenigen, die ein Erlebnis berichtet hatten, bei dem sie Zeit für sich verbracht hatten (Abb. 4-4). Durch statistische Modellierung wurde nun zudem nachgesehen, welchen Einfluss die gemessen Variablen auf die erlebte zur Verfügung stehende Zeit hatten. Hierbei zeigte sich ein signifikanter vermittelnder Effekt der Selbstwirksamkeit: Nur diese Variable erklärte einen großen Teil des Zusammenhangs von „Zeit für andere hergeben" und „gefühlt mehr Zeit haben". Demgegenüber hatten weder die Sinnhaftigkeit des eigenen Tuns noch der Spaß daran oder das Gefühl der Verbundenheit mit anderen einen solchen vermittelnden Effekt.

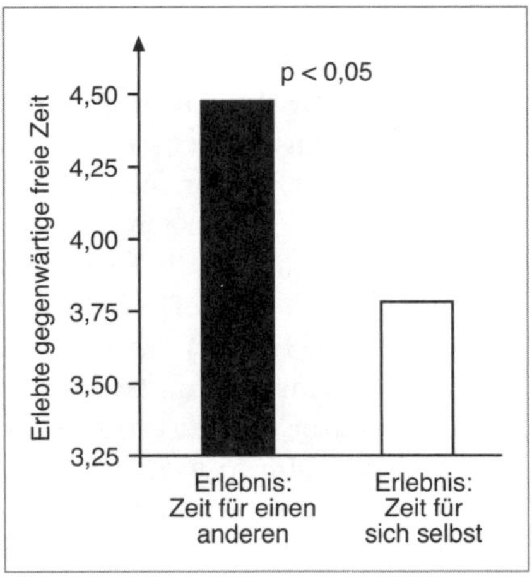


Abb. 4-4 Wer ein Erlebnis erinnert hat, einem anderen Menschen geholfen zu haben, erlebt mehr Zeit zu haben als derjenige, der freie Zeit bekommt (nach 2).

Die Schlussfolgerungen der Autoren aus ihren vier Experimenten sei dem Leser nicht vorenthalten: „In den vorliegenden Experimenten verglichen wir das Geben von Zeit an Freunde oder Fremde mit dem Verschwenden von Zeit, dem Zeit-für-sich-selbst-Verbringen und sogar dem Bekommen von Freizeit. Wir fanden, dass das Verschenken von Zeit [um für andere Menschen etwas zu tun] die Menge an Zeit, die einem nach dem eigenen Erleben – sowohl in der Gegenwart als auch in der Zukunft – zur Verfügung steht, erhöht, und dass dieser Effekt durch das Erleben von mehr Selbstwirksamkeit zustande kommt. Dies sind letztlich gute Nachrichten vor dem Hintergrund von Forschungsergebnissen, die über den negativen Einfluss von Zeitdruck auf Glück, Stress und prosoziales Verhalten [...] berichten. Obwohl das Gefühl knapper Zeit meist dazu führt, dass die Leute mehr Zeit *für sich* verbringen möchten, legen unsere Forschungsergebnisse nahe, dass sie besser daran täten, Zeit *für andere* aufzuwenden. Sie fühlten dann weniger Zeitdruck und wäre eher in der Lage, ihren Aufgaben nachzugehen" (2; Übersetzung und Hervorhebungen durch den Autor).

Selbstverständlich hat der hier vorgestellte Ansatz seine Grenzen: Wer den ganzen Tag für andere arbeitet, beispielsweise in der Pflege, dem sollte man nicht sagen, er solle noch mehr arbeiten, um mehr Zeit zu haben. Hier stößt man an ganz natürliche Grenzen. Dennoch ist hervorzuheben, dass mehr Freizeit nicht unbedingt mit dem Erleben von mehr freier Zeit verbunden sein muss. Ganz im Gegenteil, hängt alles davon ab, wie wir unsere Freizeit verbringen. Vor dem Fernseher oder am Computer (oder gar in einem Wellness-Hotel?) führt Freizeit eher *nicht* zum Erleben von Gemeinschaft und Selbstwirksamkeit. Könnte dies der Grund dafür sein, dass die Menschen in den entwickelten Ländern heute so wenig Arbeitszeit (und damit so viel Freizeit) haben wie noch nie in der Geschichte und sich zugleich so sehr über mangelnde Zeit beklagen?

# Literatur


1. DeVoe SE, Pfeffer J. Time is tight: How higher economic value of time increases feelings of time pressure. Journal of Applied Psychology 2011; 96: 665–76.
2. Mogilner C, Chance Z, Norton MI. Giving time gives you time. Psychological Science 2012; 23: 1233–8.
3. Perlow L. The time famine: Toward a sociology of work time. Administrative Science Quarterly 1999; 44: 57–81.
4. Sen A. Die Idee der Gerechtigkeit. München: Deutscher Taschenbuch Verlag 2012.
5. Spitzer M. Kann, darf, soll oder muss man Glück wissenschaftlich untersuchen? In: Spitzer M, Bertram W (Hrsg.). Braintertainment. Stuttgart: Schattauer 2007; 81–108.
6. Spitzer M. Geben ist seliger denn Nehmen 2.0. Wie man Geld ausgibt, um glücklich zu sein. In: Das Wahre, Schöne, Gute. Stuttgart: Schattauer 2009; 81–8.